KB039925

매일을 나아가는 법

해야 하는 일, 하고 싶은 일을 하며
매일 1%씩 성장하는 삶의 기술

매일을
나아가는 법

김나헌 지음

클랩북스

'일을 잘한다는 것은 무엇일까?'
'새로운 분야인데… 지금 시작해도 괜찮을까?'
'나보다 잘나고 똑똑한 사람들보다. 뒤처질 것 같아.'
.
.
.
'일하며 성장한다는 게 가능하기는 할까?'

나는 내 일을 좋아했지만
실력은 고만고만하다는 것을
잘 파악하고 있었다.

일에서 나를 채우고 성장하려면
더 늦기 전에 움직여야 했다.

일본의 경제학자 오마에 겐이치는
변화하고 싶다면
시간을 달리 쓰고,
사는 곳을 바꾸고,
새로운 사람을 사귀라고 했다.

처음 밟는 땅에서
전혀 다른 경로를 지나온 사람들을 만나고
그들로부터 아주 작은 것이라도 배울 수 있다면
더 나답게 일하며 살 수 있을 것 같았다.

실패와 도전을 반복하며
2년이라는 시간이 지났고

끈질기게 목표를 놓지 않은 결과
네이버에서 스포티파이로,
한국에서 스웨덴으로
나만의 리그를 찾아 떠나는 데 성공했다.

안전지대를 벗어나 마주한
나만의 리그는 생각보다 넓고 거칠지만

나는 전혀 상상하지 못했던 방향으로 성장하며
나만의 방식으로 매일을 나아간다.

차 례

'한국이 싫어서'가 아니라
더 나은 내가 되고 싶어서

chapter 4.

워라밸의 나라에서
배운 것들

▶▶

chapter 5.

그 누구보다도
나를 믿는 마음

▶▶

실패라고는 모르는 사람처럼

새로운 도전은 언제나 두렵습니다. 과거에는 좀 더 나이가 들고 경험이 쌓이면 지금보다는 무엇이든 더 잘할 수 있을 것 같았는데, 이상하게 나이가 들면 들수록 무엇이든 할 수 있을 것 같았던 기세가 사그라들고 겁만 많아지는 것 같습니다.

저 역시 마찬가지였습니다. 생각이 많고, 위험 부담을 즐기지도 않는 사람이라 새로운 시도를 하는 것은 늘 힘이 들었습니다. 도전으로 얻을 것보다 잃을 것부터 생각하며 망설이고 있는 나를 발견할 때마다 '이 두려움을 넘어서야 나와 나를 둘러싼 환경이 조금이라도 달라진다'라고 되뇌었습니다. 저를 어려운 도전으로 이끌었던 것은 언제나 이런 생각이었습니다. 삶에서 도전을 얼마나 열린 태도로 받아들일 수 있나, 지금 나에게 익숙한 세계 밖으로 딱 한 발자국 내딛을 배짱이 있는지를 계속 생각했습니다.

저는 커리어의 확장과 내면의 성장이 긴밀하게 연관되어 있다고 생각합니다. 우리는 돈을 벌기 위해 일을 한다고 생각하기 쉽지만 일은 배움, 생산과 성취의 욕구가 가장 강렬하게 발현되는 행위이기도 합니다. 저는 운 좋게 하고 싶은 일을 직업으로 삼았지만 매일이 그저 행복했던 것은 아니었어요. 일은 하면 할수록 참 어려웠습니다. 시간이 갈수록 내가 이상적으로 여기는 나의 모습에서 점점 멀어지는 것 같아 괴로웠습니다. 무의미한 일에 노력을 쏟는 것 같은 허무함에 시달리기도 했습니다.

그래도 저는 못하는 일에 계속 도전했고 잘하는 일은 더 잘하려고 했습니다. 거창하지 않더라도 무언가를 매일매일 계속해 왔습니다. 그렇게 커리어를 시작하여 여태까지 일을 해 온 모든 여정은 나도 모르던 나를 발견하는 시간이었습니다. 무언가를 배울 줄 알고, 누군가와 친구가 되고, 어려움 앞에 좌절하며, 그러나 다시 일어설 줄 아는 '나'를 말이죠.

저는 삼십 대의 초입에 돌아올 날을 정하지 않고 스웨덴으로 갔습니다. 지난 10년을 돌아보며 익숙하고 편안한 안전지대를 벗어나 전혀 새로운 땅으로 일터와 삶터를 옮길 수 있었던 이유가 무엇이었는지, 해야 하는 일과 하고 싶은 일을 하다 보면 어제보다 1%라도 더 성장할 수 있다는 확신을 얻은 과정을 돌아보며 이 책을 썼습니다.

무조건 최선을 다해 열심히 살자는 이야기는 아닙니다. 아주 열심히 하는 때가 있으면 조금 늘어지고 싶은 때도 있고, 뭐든지 잘 되는 시기가 있는가 하면 손을 대는 것마다 망치기도 합니다. 그러나 어느 시기를 지나더라도 삶의 목표를 놓치지 않고 매일 한 발자국을 내딛는다면 누구나 삶을 생각지도 못한 방향으로 확장할 수 있다는 이야기를 하고 싶었습니다. 처음에는 낯설고 힘들겠지만, 매일 조금씩 해 나간다면 어느새 그것은 우리의 일상이 되어 있을 것입니다. 마음속으로 상상만 하던 삶으로, 혹은 상상도 하지 못했던 새로운 방향으로 당신은 어디든 나아갈 수 있습니다.

원고를 쓰면서 저와 같이 일을 하며 매일을 나아가는 친구들, 그리고 저와 비슷한 고민을 하고 있을 사람들의 얼굴을 계속 떠올렸습니다. 그리고 누구나 안고 있는 불안을 위로하고 두려움을 조금 덜어줄 수 있기를 바라는 마음을 가득가득 담았습니다. 이 책을 집어 든 당신이 '이 사람도 하는데 나도 할 수 있다'는 용기를 얻었으면 좋겠습니다. 매일 스스로를 다시 일으켜 세우는 사람들, 하루의 끝에 자기 자신을 안아 주며 내일을 준비하는 사람들에게 친구 같은 책이 되기를 바랍니다.

chapter 1

'한국이 싫어서'가
아니라

—

더 나은
내가 되고 싶어서

당신은 무엇을 위해 일하고 있나요?

답이 없는 질문을 멈추지 않는 이유

나는 딱 10년 전인 2014년 1월에 첫 회사인 네이버에 입사했다. 아직도 짧다면 짧은 경력이지만 그동안 한 가지 분야를 계속 팠다는 점이 스스로 자랑스럽다. 직업은 같았으나, 10년이 지나는 동안 나는 많이 변했다. 나이도 그만큼 먹었고, 10년 중에 절반을 해외에서 살았으며, 취미와 취향이 달라졌다.

내가 달라진 만큼 일과 나의 관계도 변했다. 일이 삶에서 가지는 의미와 내가 일을 바라보는 태도 또한 10년 전과 다르다. 나는 통제할 수 있는 것과 통제할 수 없는 것을 구분하기 시작했고 때로는 그냥 놓아 버리는 방법도 배운 것 같다. 그러면서 더 이상 일과 나를 동일하게 생각하지 않는다. 물론 예전이나 지금이나 일이 변함없이 중요한 일부인 것은 마찬가지다. 그러나 일이 잘될 때는 내가 좋다가, 일이 잘 안되면 내가 싫어지는 식으로 일이 나를 정의하게 놔두지 않는다. 대신 이제는 일을 하는 나 자신을 본다. 일은 나를 이해하는 방식이며 나를 성숙하게 하는 무대라는 것을 안다.

일과 자존감의
상관관계

회사에 입사하고 첫 이삼 년은 일상의 모든 것을 뒤로하고 회사 생활에 몰두했다. 새로운 사람들을 알아 가고 회사가 일하는 방식을 익히며, 나의 전문성이 나날이 탄탄하게 다져지는 듯한 기분이 마냥 좋았다. 매일매일 실수를 할까 조마조마한 마음과 사회생활의 모든 것이 신기한 마음 사이를 오갔다. 업계의 전문 용어들을 능숙하게 사용하며 소통하는 사람들이 대단해 보였고, 이렇게 바쁘게 일하는 조직에 내가 속해 있다는 것이 얼떨떨할 따름이었다.

무엇이든 처음 시작하는 시기가 그렇듯, 신입이었을 때는 일을 더 빨리 잘해야 한다는 생각밖에 안 했던 것 같다. 어차피 신입이 혼자 할 만한 정도의 일만 했기 때문에,

주어진 업무를 잘하는 것만으로도 내 역할을 다하는 셈이었다.

자연스럽게 일이 곧 나의 자존감이 되었다. 일을 잘하는 날에는 자존감이 높아졌다가 실수를 하는 날에는 자존감이 바닥을 쳤다. 그때는 달리 자존감을 채우는 방법을 모를 만큼 어렸기 때문에 일을 그 이외의 방식으로 볼 생각조차 하지 않았던 것 같다. 회사에서 좋은 평가를 받는다는 사실이 중요했고, 회사에서 인정받은 날엔 내가 '꽤 괜찮은 사람'이 되었다는 기분이 들었다.

일과 나 사이
건강한 거리두기

'일을 잘하는 나'를 뿌듯해하며 자존감을 채우던 날들이 계속되던 어느 날, 갑작스러운 소식을 들었다. 아직 초보 티를 벗지 못했을 때 참여했던 서비스 하나가 종료된 것이다. 그때까지는 소프트웨어를 만들거나 유지하는 일만 했지 흔적도 없이 사라지는 것을 목격하기는 처음이었다. 나는 이미 퇴사를 한 후였고 서비스에 대한 애착은 거의 희미했다. 그럼에도 과거에 열심히 매달렸던 일이 인터넷에서 없어졌을 때는 말도 못 할 허무함이 몰려왔다.

내 업의 결과는 손으로 만질 수 없다. 그래서 가상현실을 다루는 것 같은 기분이나 쓸쓸함이 느껴질 때가 있다. 그런데 그 서비스가 종료되었을 때 기저에 깔린 쓸쓸함이 크기를 키우면서, 결국 나의 모든 노력이 무의미하다는 생각이 들었다. 내가 만든 성과, 회사에서 인정받으며 뿌듯했던 내 자신이 통째로 부정당하는 느낌이 들었다. 남들이 보기에 꽤 괜찮은 사람이 된다는 목표 또한 덩달아 의미가 없는 것 같았다.

이때 나는 직업이 가지는 의미에 대해 오랫동안 고민했다. 우선 내가 돈을 받으면서 하는 일에서 좋은 결과를 내야 하는 것은 맞다. 하지만 이건 회사와 나 사이의 계약이다. 직업과 나 사이의 관계는 한 발짝 더 나아가야 한다고 생각했다. 직업이 내 인생에서 가지는 의미가 회사에 소속되어 있을 때에만 유효하다면 조금 슬프지 않을까. 나는 좀 더 근본적인 이유가 필요했다.

테크 분야에 종사하는 사람들은 어려운 문제를 해결하는 즐거움, 기술로 세상을 바꾸는 미션에서 일의 의미를 찾곤 한다. 나의 경우에는 좀 더 개인적인 방향으로 접근했다. 여태 한 작업이 세상에 남아 있든 남아 있지 않든

나라는 사람은 계속된다. 내가 한 일은 쉽게 없어질 수 있는 종류인지 몰라도 그 일을 하는 나는 계속 살아갈 것이고, 당장 내일 없어질 것을 만들지 모르지만 그 일을 하면서 배운 것은 나의 안에 남아 있었다. 이 사건을 통해 직업을 바라보는 관점을 '무엇을 생산하는가'라는 목표 지향 관점에서 '일을 하는 나를 이해해 나가는' 과정 지향 관점으로 바꾸게 되었다.

이런 변화는 시간이 지나면서 자연스러운 흐름이었다고 생각한다. 막 커리어를 시작했을 때는 대부분 혼자 컨트롤이 가능한 일들을 했다. 내가 모르는 것은 공부해서 알면 되고, 답을 알 수 없는 것들은 백이면 백 주변 사람들이 이미 정답을 알고 있었다. 하지만 한 분야에서 오래 일하면 일할수록 복잡도와 불확실성이 높은 영역의 비중이 늘어 가는 것을 느낀다. 아무도 확실한 답을 줄 수 없고 사람부터 환경까지 예측이 불가능한 미지의 영역을 이해하는 것이 곧 '일'이 된다. 그리고 복잡하고 불확실한 세계에서 일이 늘 내 마음같이 되지 않는다는 것을 알게 된다. 난생처음 겪어 보는 상황 앞에서 나는 일을 되게 하려고 애를 쓰기도 하고 포기하거나 좌절한다. 그러면서 나조차도 모르던 나를 알게 되고, 여러 상황을 겪으며 다르게 변하는 나를 마주한다. 직업이 나를 이해하는 거울이자 나를 성숙하게 하는 도구인 셈이다.

오늘도 출근하는
당신에게

대학교를 졸업하기 전까지만 해도 나는 내가 이래도 그만 저래도 그만인 사람인 줄로 생각했다. 경쟁심도 거의 없고 어떻게 살든 결국 죽는 것은 마찬가지라는 회의감마저 있었다. 그랬던 나는 일을 통해서 내가 욕심이 많고 성취가 중요한 사람인 것을 알았다. 힘든 일이 생기면 순식간에 실망했다가 보기보다 금방 극복한다. 그리고 나는 생각보다 훨씬 용감한 사람이었다. 가까운 사람들이 부당한 일을 당하면 목소리를 보태 함께 싸우기를 주저하지 않았다. 10년 동안 출근길과 퇴근길을 오가며 알게 된 나 자신의 일부다.

내 분야에서 인정받고 싶다는 욕심은 여전하고 일이 마음대로 안 되면 짜증이 난다. 하지만 이제 이런 마음은 더 이상 일을 무조건 잘해야 한다는 집착으로 남지 않는다. 대신 마음 한구석에 숨어 있던 야망을 또 한번 상기하고 짜증이 나는 만큼 이 직업을 아직 좋아한다는 것을 깨닫는다.

이렇게 나는 요즘 일을 나를 이해하는 거울이라고 생각하며 지내고 있다. 한때는 엄청난 성과를 내서 성공하고 싶다가도 그런 마음이 잠잠한 시기가 오는 것을, 나를 이해하는 과정으로 지켜본다. 일의 의미가 시간이 갈수록 변하면서 무엇이 중요한가 묻는 질문들에 대한 답도 계속 변하는 것 같다. 아마 일을 하는 내내 변할 것이다. 그래서 나는 어떤 질문에도 확실히 답을 내리지 않기로 했다. 답이 달라지면 지금 내게 중요한 것이 전과 달라졌나 보다 한다. 모든 답이 전부 정답이라고 생각하기로 했다.

다음 10년이 지났을 때도 여전히 같은 일을 하고 있다면 일이 삶에 무슨 의미가 되어 있을까. 20년 경력이 되면 사람들에게 해 줄 이야기가 더 많을 테니, 그때쯤 되면 사람들 앞에서 나의 이야기를 하는 것이 일의 보람이 되어 있었으면 좋겠다.

오늘도 출근하는 당신에게 일은 어떤 의미인가. 더 나아가 일을 하는 당신은 어떤 사람인가. 일을 통해 발견한 자신의 모습은 어떠한지, 무엇을 추구하고 있는지 궁금하다. 일이 일에서 그치지 않고 우리가 계속 성장하고 변하는 자리가 될 수 있도록, 지치거나 지루해하지 않고 계속 일의 새로운 의미를 하루하루 느끼고 있기를 바란다.

그냥 해야 하는 일을 처리하는 것은 싫다. 같은 일도 다른 방식으로 해 보려고 노력한다. 일하면서 배울 수 없는 내용을 습득하고 적용한다. 한 일을 복기하면서 반성한다. 객관적인 피드백을 받는다. 다양한 업무, 다양한 사람들과 일하면서 경험을 사방팔방으로 늘려야 한다.

나, 지금 잘하고 있는 걸까?

자신에 대한 의문을 원동력으로 바꾸기

2022년 3월에 여성의 성장을 위한 플랫폼인 헤이조이스에서 '여성 시니어가 말하는 주니어 개발자를 위한 커리어 로드맵'이라는 제목으로 온라인 세미나를 한 적이 있다. 실시간으로 300명이 넘는 분들이 강연을 들어주셨다. 제목이 거창하지만 준비한 내용은 모든 사람들을 위한 커리어 솔루션은 아니었다. 대신 내가 커리어를 생각하고 만들어 나가는 방식에 초점을 맞추었다. 내가 일을 막 시작했을 때부터 생각했던 것들, 중요했던 순간들, 그리고 제목대로 나의 커리어 로드맵을 만들고 실행하는 방식을 스웨덴으로 오게 된 경험과 섞어서 발표했다.

강연은 총 네 부분으로 구성된다. 우선 '저 지금 잘하고 있나요?'라는 질문으로 시작하여, 이 질문을 '다양한 방법으로 답을 구하며 주변 환경을 이해'하는 도구라고 설명하며 여성 개발자들이 흔히 처한 환경을 설명했다. 그다음으로 잘하고 있는지 궁금해하는 내가 질문에 답을 찾는 일환으로 세웠던 커리어 로드맵을 설명하며 강연을 진행했다.

일을 잘하고 싶은
마음

'저 지금 잘하고 있나요?'라는 질문으로 강연을 시작한 이유는, 이 질문이 늘 나의 강력한 동기이자 새로운 도전을 하게 하는 원동력이었기 때문이다. 강연의 청중으로 생각하고 있던 주니어 개발자들도 나와 비슷한 고민을 하고 있지 않을까 생각했다.

나는 스스로를 갈고닦는 과정이 인생에서 가장 중요하다고 생각하는 사람이다. 그렇기 때문에 항상 내가 잘하고 있는지 확인하고 싶었고, 어떻게 하면 더 잘할 수 있는지가 궁금했다. 나라는 사람이 잘 다듬어진 연장처럼, 때로는 숙련된 기술자의 손처럼 작용해서 가치 있는 결과물을 만들어 낼 수 있다는 것을 증명하고 싶었다. 그래서 커리어를 시작한 첫날부터 지금까지 끊임없이 잘하고 있냐고 스스로에게 반복적으로 되물었다. 이 고민이 커리어의 전부일 수도 있을 만큼. 그렇지만 아직도 잘하고 있냐는 질문에는 선뜻 대답하기가 어렵다.

대답이 어려운 이유 중 하나는 잘해야 하는 일이 많기 때문이다. 같이 일하는 사람들과의 관계도 신경 써야 하고, 말도 하고 글도 써야 하며, 예상하지 못한 상황에 대처하면서 앞으로 할 일에 대한 중장기 계획까지 세워야 한다. 이런 생각을 하다 보면 일을 잘하는 사람이 되기 위해 갖춰야 하는 능력이 끝이 없는 것 같다.

나는 여태 동료들로부터 대놓고 나쁜 평가를 받은 적이 한 번도 없다. 맡은 일을 열심히 했고 성공적인 결과도 종종 있었다. 그런데도 아직 부족한 것이 많다며 질문에 답을 내리길 계속 미루었다. 문제를 복잡하게 만드는 것은 스스로에게 박한 나 자신이다. 잘함의 기준을 한없이 높여놓고 잘하고 있다고 절대 쉽게 다독이지 않는 나다.

내 기준에서 '잘한다'는 평가를 받는 사람은 생각할 수 있는 모든 종류의 업무를 흠잡을 곳 없이 해낼 수 있는 사람이어야 한다. 그래서 잘하고 있다고 쉽게 확신할 수 없었다. 내가 스스로에게 확신이 없는 사람이기 때문에 이런 생각을 하는 이들의 고충을 이해할 수 있었다. 그래서 '지금 잘하고 있나'라는 질문을 바라보는 다른 방식을 강연에서 제시하고 싶었던 것 같다.

좋은 질문은 우리를
좋은 곳으로 데려다준다

사람들은 보통 '어떻게 하면 일을 잘할 수 있는지' 가르쳐 주는 솔루션을 찾고 싶어하는 경향이 있다. 하지만 당장 잘하게 되는 것이 핵심이 아니라는 점을 전달하고 싶다. 이 질문은 마치 '사람은 왜 사는가'라는 말처럼, 우리 안에 싹을 틔워 꼬리에 꼬리를 무는 질문을 만들고 다양한 생각을 하게 만든다. 이 생각 자체가 우리를 확장시키는 셈이다.

잘하고 싶어서 하는 고민과 관찰은 우리를 성장하게 만든다. 그리고 목표와 새로운 도전을 만들어 내며 커리어 로드맵을 세울 아이디어를 준다. 지금 당장 대단한 퍼포먼스를 낼 수는 없다. 항상 잘할 필요도 없고 내 모습이 만족스럽지 않아도 어쩔 수 없다. 대신 잘하고 싶다는 생각을 놓치지 않고 계속 질문을 하는 것이 가장 중요하다. 이 질문은 결과에 대해 묻는 것 같지만 사실은 우리 앞에 더 많은 길을 열어 주고 더 멀리 나갈 수 있게 이끌어 주는 종류의 질문이기 때문이다.

나의 성장을 확인할 수 있는
장소로 가라

내가 지금 잘하고 있는지 확인하기 위해 우리는 다양한 방법을 동원한다. 사람들과 자신을 비교하거나, 롤모델을 정해 놓고 벤치마킹한다. 한창 높은 위치로 올라가는 것이 내게 맞는지 시험하던 시기에는 개인적으로 존경하는 개발자의 커리어를 놓고 내가 그와 비슷한 자리에 올라가기까지 몇 년이 남았는지 거꾸로 계산해 본 적도 있다.

나는 보통 어려운 업무에 나를 던져 놓고 그동안의 성장을 시험하는 장소로 사용하는 편이다. 기본적으로 사람들의 평가를 절반만 믿기 때문에 아무리 말로 칭찬을 받아도 성에 차지 않기 때문인 것 같다. 그런데 연차가 쌓일수록 알맞은 기회를 찾기 어려워지는 문제가 있었다. 그래서 도전적인 기회를 찾으러 새로운 그룹에 들어가거나 새로운 사람과 이야기를 해야 했다. 회사에서 리더십 프로그램을 들었고 나를 서포트해 줄 수 있는 사람들과 지속적으로 면담을 했다. 도전적인 기회 하나를 얻자고 많은 사람들과 이야기를 하고 관계를 쌓는 과정에 시간이 수월찮게 들어서 배보다 배꼽이 더 큰 것 같다는 생각도 했지만 포기하지 않고 했다.

그리고 결론적으로 처음 해 보는 업무를 할 수 있게 되었다. 처음 해 보기 때문에 잘 안된 일도 많다. 하지만 그렇다고 모든 노력이 의미가 없었던 것은 아니다. 중요한 것은 뒤돌아봤을 때 나의 성장을 확인할 기회를 찾아다니면서 나의 세계를 안팎으로 확장시키고 있었다는 사실이다.

회사에 아는 사람들이 늘어났고 나의 목표를 지지해 주는 사람들도 생겼다. 다른 매니저들과 이야기하며 내가 있는 조직에 어떤 고민이 있는지 새로 알게 된 것도 많다. 나는 아직 나의 뛰어남에 확신하지 못하나, 답을 찾는 과정에서 시야가 점점 넓어졌다.

'저 지금 잘하고 있나요?'라는 질문을 통해 내가 얼마나 적극적으로 행동하고 있는지를 점검해야 한다. 사실 그것이 더 잘하는 우리가 되기 위해 꼭 필요한 과정이기도 하니까 말이다. 내가 잘하고 있는지 불안해하며 고민만 하고 있는가? 아니면 주변을 둘러보고 더 잘할 수 있는 방법을 탐색하고 있는가? 잘하기 위해 아등바등하며 배우는 것들로 삶은 풍부해지고 확장된다. 이것이 잘하고 싶다는 욕심의 진짜 장점인 것 같다. 잘하고 싶다는 마음을 동력으로 삼아 움직이자. 잘하려는 노력을 계속하되 꼭 잘할 필요는 없다는 가벼운 마음으로 계속하자. 그 생각을 계속 붙들고 있는 한, 우리는 조금씩 나은 방향으로 나아갈 것이다. 내가 이 생각 속에서 어떤 개발자가 되고 싶은지 답을 찾았던 것처럼.

결심은 대단히 크게 가지고 시작했지만 막상 현실로 생각하기 시작하니 무서운 것들이 많다.

그렇지만 나에게 자신감을 주자, 이 도전 자체가 대단한 것이라고. 어떻게든 잘 해낼 것이고, 방법이 있을 것이라고. 나는 몇 년 전보다 경험도 많고, 영어도 잘하고, 돈도 더 많다!

"나중에 직무를 바꾸는 것이 가능할까요?"

커리어 고민을 상담해 오는 사람들로부터 자주 듣는 질문 중에 하나다. 직무 변경에 대해 물어보는 사람들 중에 원하는 기회를 찾을 수 있을지, 그리고 얼마나 어려운지 궁금해하는 사람들이 많다. 직무를 변경하는 일은 당연히 어렵다. 현실적으로 말해서 직무를 변경할 수 있는 기회가 쉽게 오지 않을 수도 있다. 나는 운이 좋았다고 생각하지만 그럼에도 정말 많은 시간을 투자했고 데이터 엔지니어라는 새로운 직무로 나를 뽑아 주는 딱 하나의 회사를 찾을 때까지 숱하게 실패했다. 하지만 결국 직무를 바꾸었다.

누구에게나 변화는 바라면서도 두려운 것이다. 다양한

이유로 직무를 바꾸고 싶다는 생각이 드는 반면, 괜히 시도했다가 나름대로 나쁘지 않은 지금 상황을 잃는 것이 아닌지 고민한다. 이런 생각은 오히려 경력이 적지 않은 사람들이 더 많이 하는 것 같다. 상황이 마음에 쏙 들지 않아도 그냥 여태 해 온 대로 계속하면 될 것 같고 지금까지의 경력을 인정받지 못하면 어쩌지, 무슨 일을 하든 어차피 똑같은 것이 아닐까, 하는 생각이 든다.

나의 직무 변경
이야기

나는 일을 시작한 지 5년이 된 시점에 직무를 한 번 바꿨다. 첫 회사에서는 프로그램을 작동시키는 알고리즘을 짜는 백엔드 업무를 했는데 다음 회사로 이직을 하면서 데이터를 수집, 정리하고 분석하는 데이터 엔지니어라는 전혀 다른 포지션으로 입사했다.

내 원래 업무와 연관성이 크지 않은 분야로 직무 변경이 가능했던 건 내가 원하는 바를 이룰 수 있는 환경을 적극적으로 찾아 나섰기 때문이었다. 그 과정을 네 단계로 나누어 보았더니 다음과 같았다. (1) 개인적인 준비하기

(2) 주변에 광고하기 (3) 스폰서 찾기 (4) 딜리버리(새로운 프로젝트에 투입)

이 변화는 오랜 시간에 걸쳐 자연스럽게 일어났다. (1) 취미로 데이터 엔지니어링 공부를 시작했고, 이 분야에 대해 알면 알수록 점점 쓰임새가 많아질 것 같다는 생각이 들었다. (2) 사람들을 모아 사내 스터디를 하고 회사 교육비 지원을 받아 온라인 수업을 듣는 등 내가 했던 활동이 자연스럽게 알려지게 되었다. (3) 이것을 알고 계셨던 리더의 추천으로 (4) 데이터 엔지니어링을 사용하는 프로젝트에 참여하게 되었다. 이때의 경험이 직무를 완전히 바꾸게 된 결정적인 계기가 되었다.

사람들은 흔히 (2) 주변에 광고하기, 그리고 (3) 스폰서 찾기의 중요성을 간과한다. 누군가에게 부탁하고 손을 벌리는 것이 더 힘들기 때문일까. 하지만 혼자 준비가 끝났다고 누군가가 나를 알아봐 주고 직무를 바꿔 주는 것이 아님을 꼭 기억하자. 안타깝게도 기업에서 일하는 사람이라면 직무 변경을 실행할 만한 권력이 있는 사람의 도움이 필요하다. 심지어 사내 이동이 비교적 자유로운 외국 회사에서도 결정을 도와주는 사람의 존재가 필수적이다. 그리고 당연히 도움을 받으려면 그가 나의 상태와 원하는 것에 대한 정보를 미리 알고 있어야 한다.

모든 경험은
특별함을 만든다

새 회사에서 새로운 포지션으로 출근을 하면서, 한국에서 나름 5년이나 일을 했는데 아무것도 모르는 사람처럼 보일까 봐 얼마나 걱정을 했는지 모른다. 5년씩이나 일했던 경험은 전부 없어지고 직무를 바꾸는 것이 전혀 다른 일을 시작하는 것처럼 무서웠다.

하지만 경험은 파도에 쓸려 없어지는 모래성이 아니었다. 알고 보니 나를 데이터 엔지니어로 채용한 팀은 백엔드와 데이터를 둘 다 다루는 팀이었다. 그래서 나의 백그라운드인 백엔드는 그대로 하면서 데이터 엔지니어링을 차근차근 배워서 나중에는 반반의 비중으로 업무를 할 수 있었다.

이때의 경험을 떠올릴 때면 과거 경험의 연속성에 대해 생각하게 된다. 변화는 과거와 현재 사이에 선을 긋는 것이 아니다. 모든 경험은 연속적인 움직임이고, 끊임없이 현재에 영향을 주며, 생각지도 못했던 시너지를 만들기도 한다. 그리고 이 점을 현명하게 이용하면 다른 사람들에게 없는 나만의 특별함을 발견하는 전략이 될 수 있다고 생각한다.

한 분야에서 직업을 평생 동안 이어 온 장인이 존경을 받듯, 전혀 생각지도 못한 특이한 이력이 있는 사람 또한 존경을 받는다. 예전에 모든 직무를 짧게 조금씩 해 본 개발자와 이야기를 한 적이 있다. 그는 한 분야에 깊은 지식은 부족할지도 모른다. 하지만 다양한 업무를 전부 경험한 사람만이 갖출 수 있는 통찰력이 매우 특별하다고 생각했다. 나 역시 여태까지의 경험으로 두 분야를 넘나들며 자유롭게 일할 수 있고, 둘을 사용한 큰 시스템의 그림을 그릴 줄 안다.

두려움의 끝에
우리를 기다리는 것

나의 첫 매니저는 직무 변경에서 훨씬 더 멀리 간 사람이었다. 내가 그를 처음 만났을 때는 개발팀을 이끌고 개발자들을 관리하는 엔지니어링 매니저(Engineering Manager, EM)였다. 그는 개발자로 커리어를 시작해서 나중에 매니저가 되었고, 우리 팀을 관리하는 등 매니저를 한참 하다가 다시 개발자로 돌아갔다. 개발자로 돌아갔을 때 그의 포지션은 나와 같은 시니어 엔지니어였는데, 아주 긴 커리어에도 불구하고 아마 매니저로 회사에 입사했기 때문에 어쩔 수 없이 한 단계 낮춘 것 같다고 사람들이 조심스럽게 추측했다.

내가 막 회사에 입사했을 때 그는 우리 조직에서 나이가 많은 축에 속하는 매니저였는데, 그 후로 4년이 지나서 다시 개발자로 돌아갔으니 사람들이 보통 생각하는 개발자들보다 훨씬 나이가 있는 편이었다. 개발자와 EM 사이에는 기술을 이해해야 한다는 공통점이 있기는 해도 두 포지션이 하는 일은 전혀 다르다. 개발자는 이름 그대로 개발을 하고, EM은 프로젝트 관리, 팀 관리, 개발자 관리 등의 일을 한다. 그래서 아무리 새로운 기술을 사용하는 팀에 있다 하더라도 개인적인 시간을 쏟지 않는 한 EM은 현업 개발자의 개발적 역량을 따라갈 수 없다.

나의 전 매니저가 대단한 점은 노력으로 개발 능력이 녹슬지 않게 관리해 왔고 그것을 다른 사람들에게, 심지어 다른 회사에도 증명했다는 점이다. 계속 개발자로 일했던 나도 직무를 옮길 때 초보처럼 보이는 것이 두려웠다. 그런데 정말 오랜 시간 개발에서 손을 놓았던 사람이 다시 개발자로 돌아가는 것은 그의 나이와 여태까지 관리자로 쌓은 이력을 생각할 때 정말 힘든 결정이자 여정이었을 것 같다. 이 글을 쓰면서 다시 개발을 본업으로 하니 너무 어렵고 재밌다고 웃으면서 말하던 그의 얼굴이 떠올랐다.

나는 직무 변경이 더 격려되어야 한다고 생각한다. 이 것은 전문성을 해치는 것이 아니라 더 창의적인 전문가를 만드는 길이고, 사람들의 경험의 다양성을 극대화하는 가 장 쉬운 방법이라고 믿는다. 커리어 원칙 같은 것은 없다. 사람들은 자신의 전문 분야를 바꾸고, 심지어 다른 일을 하다가 돌아오기도 한다. 그들은 계속 같은 길만 걸어온 사람들과 다른 것을 본다. 백엔드 개발자였던 사람이 머신 러닝을 시작하면 머신러닝만 했던 사람보다 시야가 넓고, 관리자였던 사람이 개발자로 돌아갔을 때 그는 조직을 여 느 개발자들과 다른 방식으로 생각할 것이다.

남과 다르게 길을 닦아 온 사람들의 이야기는 그를 특 별하게 만들어 주고 영감을 주는 힘이 있다. 지금 하는 일 이 아닌 다른 직무에도 눈과 귀를 열어 두는 사람들, 변화 를 원하고 특별함을 꿈꾸는 사람들의 성공을 빈다.

결정을 할 때 중요한 것은 무엇인가?
안 해 본 일을 하는 것,
자주 오지 않는 기회를 잡는 것,
더 잘하는 사람들과 일하는 것.

어차피 쿨한 연봉 협상이란 없다

욕심도 연습이 필요하다

▶

지금 회사로 이직을 하면서 연봉 협상을 하던 때가 아직도 생생하게 기억이 난다. 이직이 난생처음이었고, 얼굴을 두 번 본 것이 전부인 사람에게 더 높은 연봉을 바란다고 이야기하기가 진땀이 났기 때문이다.

해외 이직을 위한 면접은 리크루터 면접, 화상 인터뷰, 마지막으로 회사에서 직접 면접을 보는 온사이트 인터뷰, 이렇게 세 번의 과정이 일반적이었다. 팬데믹 이후로는 화상으로 인터뷰를 진행하는 방법이 보편화되었다. 2018년 4월에 스톡홀름에서 마지막 온사이트 인터뷰가 끝나고 다음날 시내를 구경하고 있는데 리크루터에게 이메일이 왔다. 인터뷰 결과가 좋아 오퍼를 주기로 결정했다며, 아직 돌아가지 않았다면 회사에서 만나자는 내용이었다.

협상의
진짜 얼굴

　다시 회사로 가서 들은 이야기는 생각보다 자세했다. 인터뷰에 대한 피드백을 알려 줄 것이라 생각했는데, 정해진 연봉과 기타 보상에 대한 설명을 줄줄 늘어 놓는 것이다. 면접을 통과했을 때의 시나리오에 대해서는 준비를 하나도 하지 않았는데 인터뷰를 잘 봤다고 하고 심지어 연봉과 보상에 대해 알려 준다니 당황할 수밖에. 리크루터에게 괜찮은 것 같다고 둘러대듯 답을 하고, 한국으로 돌아가서 다시 검토를 해서 사인하기로 이야기를 끝냈다.

　상황은 집으로 돌아와서 미처 준비하지 않았던 부분을 하나씩 찾아보면서 선명해졌다. 숫자로만 보면 제시받은 연봉이 한국에서 받는 연봉보다 더 높았다. 그런데 물가 비싸기로 유명한 북유럽에서 세금과 생활비까지 생각했을 때 손해라는 결론이 나왔고, 연봉을 올려야 한다는 생각이 든 것이다. 문제는 나는 회사를 옮기면서 연봉을 협상하는 경험이 전무했고 '어떻게'에 대해서는 전혀 몰랐다. 게다가 오퍼를 받은 것 자체로 이미 감지덕지해서 이 상황을 망치고 싶지 않다는 마음도 컸던 것 같다.

그럼에도 나는 처음 받은 계약서에 순순히 사인을 하지 않고 두 번 인상을 요구했다. 내가 스웨덴 취업 시장을 모르고 그쪽도 우리나라 상황을 모르기 때문에 내가 회사를 설득할 수 있는 근거가 거의 없었다. 그래서 지금 생각하면 말도 안 되는 근거를 댔다. 처음에는 도시별 물가 비교를 근거로 대며 지금 받고 있는 연봉보다 결론적으로 낮아진다고 했다가, 두 번째에는 여태까지 내가 회사에서 받았던 피드백과 퍼포먼스를 이야기하면서 내가 제시받은 연봉보다 더 가치가 있다고 하기도 했다.

　　'쿨하지 않다. 전혀 쿨하지 않아!' 사람들이 보통 몇 번이나 협상을 거는지 모르겠지만 스스로에게 나는 멋지지 않아 보였다. 하지만 매월 받을 월급이 달려 있는데 찌질한 메일 한 번 쓰는 게 얼마나 큰일이라고? 게다가 연봉 협상은 인생에 몇 번 오지 않는 기회이니 리크루터에게 미안하지만 그를 내 연습 상대로 최대한 써먹고 싶었다. (이 글을 읽는 리크루터가 있다면 미리 죄송하다) 그리고 두 번째 요구에 원하던 만큼보다 약간 적은 폭의 인상을 얻어냈다.

　　리크루터는 두 번에 걸친 내 조잡한 논리를 유려하게 꼬집어 줬는데 질적 차이가 심각하게 나는 거절의 답장을 받는 것이 결코 즐거운 일은 아니었다. 내용도 문제였지만, 당시의 나는 이런 의사소통을 어떻게 영어로 잘 쓰는지 몰랐기 때문에 손끝에서 나온 메일은 훨씬 조잡했다. 나름 프로페셔널한 현직 개발자였는데 이직할 회사와 프로페셔널하지 않은 대화를 나누었다는 사실이 창피했다. 나중에 회사에서 그 리크루터와 마주쳤을 때는 그가 먼저 아는 체를 하지 않았다면 모르는 사람인 척 피했을지도 모른다.

그럼에도 나는 과거의 어설픈 협상이 자랑스럽다. 과정은 예쁘지 않았지만 나처럼 대놓고 내성적으로 보이고 대단한 배짱도 없는 사람이 상황을 바꿔 보려는 시도를 두 번이나 했으며, 노력 끝에 성취가 있었기 때문이다.

이것이 바로 협상의 진짜 얼굴이며 협상에서 승리한 사람들이 말하지 않는 현실일지도 모른다. 과연 세상에 단칼에 끝나는 우아한 협상이 있을까. 몇 번의 설득과 거절, 얼굴을 보고 앉아 돈 이야기를 하는 어색함을 견딜 줄 아는 사람들만이 합의에 도달하는 것이 아닐까. 돌이켜 보면 과거에는 비슷한 상황에서 어색함을 피하려 아예 대화를 시작조차 하지 않았던 것 같다. 하지만 일단 시작을 하니 중간 과정이 어떻게 되었든 이전과 다른 위치에 도달했다.

스스로를 대변하고
욕심을 부릴 것

리크루터에게 받았던 이메일에서 시간이 지난 지금도 기억하는 부분이 있다. 소수의 여성들만이 자신의 이익을 대변한다며, 내가 그러한 노력을 하는 것을 바람직하게 생각한다는 말이었다. 여성들의 이익을 요구하지 않는 경향에 대한 이야기는 너무나 많이 들었다. 나 역시 스스로가 수동적인 편이라고 늘 생각하고 있었다. 그런데 이런 상황을 빈번하게 목격했을 사람으로부터 내가 나의 이익을 대변한다는 말을 듣는 것은 처음이었다. 뿌듯한 한편 현실에 대한 코멘트가 씁쓸하기도 했던 것 같다.

나는 스웨덴에서 여성이며 아시안이라는 소수 집단에 속한다. 그래서 여성들에게 돌아가는 이익에 대한 주제는 내게 전보다 더 중요한 문제로 느껴진다. 여기에는 IT산업에 일하는 여성의 비율이나 성평등 문제 등 얽혀 있는 것이 많은데 안타깝게도 지금 내게 당장 현실을 바꿀 수 있을 만한 영향력은 없다. 그래서 더욱 내 자리에서 나 자신을 위해 최선을 다해 스스로를 대변하고, 욕심을 부리고, 어색한 상황을 열심히 견뎌야 하는 것 같다. 오직 나를 위해서가 아니라, 앞으로 나와 같은 직업을 택할 여성들에게 더 나은 예제를 남기기 위해서 말이다.

나는 여전히 원하는 것을 말하기가 어색하고 힘들다. 내가 돈을 더 받을 만큼 유능한 사람일까? 이 정도면 많이 받는 것 같은데 굳이 올려 달라고 할 필요가 있을까? 그런데 같은 고민을 반복할수록 여기에 대단한 이유는 필요가 없다는 생각이 든다. 내가 열심히 일했고 주변 사람들이 보증한다면 합당한 보상을 요구할 만한 것이 아닌가. 그리고 회사 안에서 사람의 능력은 돈이라는 수치로 나타난다. 당연히 여기에도 허점이 많지만, 회사가 나를 돈으로 평가한다면 나도 돈으로 요구할 수밖에 없다. 돈이 내가 추구하는 가치의 전부는 아니다. 하지만 나의 안전과 자유를 위해 중요하다.

매해 돌아오는 퍼포먼스 리뷰, 연봉 협상마다 대놓고 연봉 이야기를 할 수 있었던 것은 아니다. 어떤 때에는 통보받은 숫자에 만족하기도 했고, 또 어느 해에는 승진과 맞물려 저절로 상승폭이 컸던 해도 있다. 아직은 이 정도에 그치는 수준이지만 다른 사람이 판단하는 나의 가치를 곧이곧대로 받아들이는 사람이 아니게 되었으니 장하다고 생각하기로 한다.

또 하나 배운 것은, 내가 어려운 이야기를 시작하면 매니저도 상황을 더 진지하게 받아들이고 그것이 더 질 높은 대화를 만든다는 것이었다. 내 선에서 욕심을 내려놓으면 협상의 반대편에 앉은 사람에게 어떤 중압감도 주지 못한다. 오직 내가 어색한 상황을 버틸 자세를 취하고 보여 줘야 반대편도 진지하게 대화를 할 준비를 한다. 그래야 연봉을 더 받지 못해도 곁다리 정보라도 얻을 수 있다. 현재 상황이 어떻고 결정은 어떻게 만들어졌는지 등 편한 분위기에서 말할 때는 들을 수 없던 내용이 나온다. 오직 나의 의지와 욕심에 의해서만 대화의 퀄리티를 바꿀 수 있다.

세상에 절대적인 진리 하나가 있다면 우는 아이에게 떡 하나 더 준다는 속담일 것이라고 종종 생각한다. 이 속담만큼 우리가 사는 사회에서 주고받는 관계를 확실하게 설명하는 말이 없는 것 같다. 계속 울고 옆에서 보채는 아이처럼, 나에게 돌아오는 기회들을 매번 소중하게 욕심껏 울어서 뭐라도 받아먹는 연습 기회로 쓸 생각이다.

포기하는 것은 놀랍도록 쉽다. 하지만 그 편리함에 지지 말자. 불편한 대화를 시작하고 반대편을 설득하기 위해 고민하는 시간은 우리를 스스로를 대변할 수 있는 사람으로 만든다. 누군가의 평가가 아닌 자신에 대한 믿음을 바탕으로 행동하는 사람으로 성장시킨다. 힘든 메일을 쓰느라 손가락이 차가워지고 전송 버튼을 누르는 순간 가슴이 졸아드는 느낌은 시간이 지나도 익숙해지지 않고, 불편한 상황을 피하지 않는 연습은 항상 속이 뒤틀리는 것처럼 긴장된다. 하지만 앞으로도 조금 더 이기적으로 나의 이익을 이야기하겠다. 그리고 성취들을 이야기하며 열린 가능성을 나누는 사람이 되었으면 한다.

쿨하지 않다. 전혀 쿨하지 않아.
사람들이 보통 몇 번이나 협상을 거는지 모르겠지만
스스로에게 나는 멋지지 않아 보였다.
하지만 매월 받을 월급이 달려 있는데
찌질한 메일 한 번 쓰는 게 얼마나 큰일이라고?

자신을 증명하기에 너무 늦은 때란 없다

우리는 생각보다 많은 것을 할 수 있다

갑자기 내 나이가 어색해지고 불안해지는 때가 있다. 이럴 때마다 더듬어 보는 엄마에 대한 기억이 있다. 우리 집 거실에는 갈색의 업라이트 피아노가 소파 반대편에 놓여 있었는데, 엄마가 늘 마른 걸레로 닦아서 피아노 뚜껑이나 건반에 손자국이 거의 없을 정도로 깨끗했다. 피아노 전공이 아니었음에도 불구하고 꽤 늦은 나이까지 계속 레슨을 받을 정도로 피아노를 좋아했던 나지만, 좋아하는 마음으로 따지면 엄마가 훨씬 더 피아노를 사랑했다. 엄마는 늘 집에서 피아노 연주곡을 들으셨고 레슨이 있는 날이면 소파에 앉아서 연습을 구경하시곤 했다.

그러다가 언제인가부터 엄마가 직접 피아노를 독학으로 배우기 시작했다. 이때 엄마의 나이가 사십 대 후반으로, 지금의 나보다 늦은 나이에 피아노를 시작한 것이다. 엄마는 피아노를 정말 많이 쳤고 진짜 열심히 쳤다. 내가 어렸을 때부터 피아노를 친 시간을 전부 합친 것보다 엄마의 연습 시간이 훨씬 많을 것이라고 장담할 수 있을 정도다. 어마어마한 시간을 들인 노력은 끝끝내 실력으로 보답을 했다. 엄마가 좋아했던 조지 윈스턴이나 앙드레 가뇽의 악보부터 시작해서 쇼팽의 〈발라드〉까지 많은 악보를 연주하셨으니까. 심지어 외워서 칠 수 있는 악보도 많았던 것이 기억난다.

엄마가 하루도 빼놓지 않고 피아노 연습을 했다는 것은 세상에서 내가 제일 잘 안다. 가끔은 손님을 뒤에 앉혀 놓고, 대부분의 날은 들어 주는 사람 없이 혼자 매일같이 연습을 이어 갔다. 덕분에 재미있는 에피소드도 많았다. 앞집 이웃은 피아노 소리가 안 들리면 우리 집에 무슨 일이 있는지 걱정을 한다고 하셨고, 다른 이웃은 속 터지는 일이 있을 때마다 피아노 소리를 크게 들으려고 현관문을 열어 둔다고 하셨다.

분홍색 한복이
심어 준 불씨

엄마는 내가 태어나기 전 남아프리카 공화국 대사관에서 일을 하셨다고 한다. 대사관 행정 직원과 비슷한 자리였던 것 같다. 그전에는 호텔 리셉션에서 근무하셨는데 영어를 잘해서 대사관으로 이직을 하셨다고. 엄마는 생전 외국 여행은커녕 대학교도 다니지 않았다. 살아 계시다면 일흔을 넘기셨을 텐데, 1950년대에 태어나셨던 것을 감안하면 굉장히 영어를 잘하는 분이셨던 것 같다.

집에는 대사관에서 일하던 당시에 찍었던 엄마의 사진이 있다. 엄마를 포함한 다섯 명의 사람들이 있는데 그중에 두 명은 외국인이다. 내가 기억하는 것보다 젊은 얼굴의 엄마는 분홍색 한복을, 엄마 옆의 남아프리카 공화국 남자는 아프리카 전통 의상 비슷한 셔츠를 걸치고 있다.

그 시절에 이런 사진을 찍는 것이 매우 특이한 경험임을 이해할 나이가 되었을 때쯤, 나는 소원의 씨앗을 심었던 것 같다. 나도 사진 속의 엄마처럼 다른 나라에서 온 사람들과 일을 할 거라고. 그것이 정확히 무슨 뜻인지도 모르는 나이에 그런 생각을 했다. 그러니까 그 한 장의 사

대사관에서 일하던 시절 엄마의 사진

진은 내가 외국으로 나오게 된 여러 계기 중에서 가장 오래된 불씨인 셈이다.

엄마가 처음 피아노를 시작했을 때, 십 대였던 나도 엄마가 피아노를 배우기에 늦은 나이라는 것은 잘 알았다. 그게 대단하다는 것을 알았기 때문에 피아노 소리가 시끄럽게 느껴지는 날에도 짜증을 낼 수가 없었다. 그리고 시간이 가면 갈수록 엄마의 노력을 더 존경하게 된다. 나는 서른 중반이 되어서 무언가를 새로 시작하기 너무 늦었다며 걱정을 한다. 요가를 늦게 시작해서 난 평생 틀렸다고 좌절하기도 했으니까. 그런데 거의 오십에 가까웠던 엄마는 어떤 결심으로 무엇을 바라고 피아노 앞에 처음 앉으셨던 것일까. 그 마음을 생각하면 지금 내가 하는 걱정은 별것 아닌 것처럼 느껴진다.

　노력과 성장에 확신이 없을 때마다 자연스럽게 엄마 생각이 난다. 적어도 내가 피아노를 시작했던 엄마와 같은 나이가 될 때까지는 어떤 일이든 해 볼 만하지 않을까. 엄마가 피아노 앞에 앉았던 만큼 시간을 쏟아부을 준비가 되어 있다면 무엇이든 배우고 이룰 수 있을 것이라고. 이미 이를 증명한 사람을 보면서 크지 않았냐고 나에게 되묻는다.

　엄마는 종종 나의 손을 만져 보며 뻣뻣하고 굵어진 본인의 손가락과 비교하시곤 했다. 요즘 내가 몸이 나이 드는 것을 느끼는 것처럼 엄마도 분명 피아노 건반 앞에서 굳어 있는 손이 야속한 때가 있었을 것이다. 그래도 엄마는 피아노 연습을 하루도 빼놓지 않았고, 들어 주는 사람이 없어도 혼자만의 훈련을 이어갔다. 그리고 남의 연주로

만 듣던 곡을 직접 소화할 수 있어 행복해했다.

우리 집 피아니스트는 오로지 성실함으로 탄생했고, 나는 그 의지가 적지 않은 나이에도 얼마나 멀리 갈 수 있는지 보면서 컸다. 그래서 피아노 치는 엄마를 떠올릴 때마다 그녀가 몸소 보여준 열정과 실행력으로부터 구체적인 위로와 용기를 느낀다.

사십 대에
피아노를 배운다면

최근에 엄마가 대사관에서 찍은 사진을 보다가 깨달은 것이 있다. 사진이 찍힌 연도로 보니 사진 속의 엄마는 지금 나보다 두어 살이 어리다. 정말 신기하게도 어른이 되어 사진 속의 엄마처럼 다른 나라에서 온 사람들과 일을 하고 싶다는 꿈이 그대로 이루어진 셈이다. 사진을 보면서 빌었던 소원이 효력이 있었나 보다.

대사관에서 일하는 엄마의 모습을 상상한다. 처음 영어로 일을 할 때 무섭지 않았을까. 다른 문화를 이해하지 못해 황당했던 적이 있을까. 그때도 매일같이 피아노처럼 연습하던 것이 있었을까. 분명 사진 속 엄마는 피아노를 배울 때처럼 무엇이든 진심으로 성실하게 했으리라 생각한다.

내일은 엄마가 나에게 남긴 것을 소중히 보듬고 마치 그녀가 우리 회사 어딘가에 있을 것 같다고 생각하며 회사 문을 열고 들어가야겠다. 엄마가 사십 대에 그토록 좋아하던 피아노를 배웠다면 나도 무엇이든 배우고 나아지며 잘할 수 있다. 어릴 때 대사관에서 찍은 사진을 보며 소원을 빌었듯이, 더 나은 내가 되고 싶다 또 다른 소원을 빌면서.

엄마가 해냈다면 나도 할 수 있고, 그렇다면 누구나 할 수 있다. 나의 어린 시절은 줄곧 엄마가 자신을 증명하는 과정을 지켜보는 시간이었다. 너무 일찍부터 우리 스스로를 제한하지 말자. 원하는 것이 있다면 열심히 원하고 조금씩 다가가 보자. 어리고 여린 손이든 뻣뻣하게 나이 든 손이든 얼마든지 행복하게 피아노 연주를 할 수 있다. 피아노를 칠 수 있게 하는 것은 어리고 여린 손이 아니라 하고 싶다는 마음이다.

거의 오십에 가까웠던 엄마는 어떤 결심으로 무엇을 바라고 피아노 앞에 처음 앉으셨던 것일까. 그 마음을 생각하면 지금 내가 하는 걱정은 별것 아닌 것처럼 느껴진다.

마음을 원하는 곳으로 흐르게 두었더니

원하기를 멈추지 않는 끈기

나는 이십 대부터 해외 교환학생을 시작으로 해외로 나가기 위해 여러 가지 시도를 했다. 이십 대에는 미국에 서 공부를 하고 싶었다. 나의 전공으로 갈 수 있는 좋은 학교가 많고 IT 회사도 많다 보니 미국에서 공부를 하고 취업하는 것이 내가 생각할 수 있는 가장 이상적인 성공 루트였기 때문이다. 시카고에 있는 한 대학에 교환학생으 로 가는 것까지는 성공했으나 그다음부터는 순탄하지 않 았다. 집안 사정으로 처음 계획의 절반인 한 학기밖에 못 다니고 돌아올 수밖에 없었고, 대학 졸업을 할 때도 유학 을 가기 어려운 상황이라 대신 바로 취업을 했다.

회사를 다니면서도 꿈을 완전히 포기하지 못해서 미국 대학원 입학시험 GRE(Graduate Record Examination)를 준비한 적도 있다. 평일에는 퇴근하고 동네 도서관이 문을 닫을 때까지 공부를 하고 주말에는 하루 종일 학원에서 수업을 들었는데, 회사 일을 하면서 학원 수업을 따라갈 수가 없어서 도중에 그만두었다. 잦은 야근 위에 더해지는 스트레스를 버티지 못하고 몸이 많이 아팠을 때, 당시 하는 일과 시험 준비는 양립이 힘들다고 인정할 수밖에 없었다.

서른이라는 나이

전부 누구의 잘못이 아닌 어쩔 수 없는 상황이었다. 그럼에도 상황을 순순히 받아들이는 것은 쉽지 않았고 이러한 경험들은 좌절감과 무력감으로 누적이 되었다. 어렸을 때는 집으로부터 도움을 받지 못하는 상황이 야속했다. 회사를 다니면서 대학원 준비를 할 때는 미션을 완수할 만한 체력이 없는 몸과 그동안 모아 둔 돈을 전부 털어도 잠깐의 생활비밖에 마련하지 못하는 상황에 화가 났다.

그러나 아무리 좌절감이 켜켜이 쌓였다 한들, 욕심을 완전히 포기하지는 않았다. 이것저것 시도를 하다 보면 나에게 맞는 때가 오리라. 모든 것은 작전상 후퇴일 뿐이라고 계속 생각했다. 내가 지금 포기하면 세상에 나의 계획 완수를 원하는 사람이 단 한 명도 없는 것이 슬퍼서 더 포기할 수 없었던 것 같다.

어렸을 때부터 엄마를 보며 키워 왔던 꿈은 마음속에서 갑자기 지우기엔 너무 소중한 꿈이었다. 유학에서 방향을 바꾼 것이 경력을 쌓아 외국 회사로 이직을 하는 플랜이었다. 이것만큼은 나만 잘하면 현실적으로 가능할 것 같았고 계속 수입이 있을 테니 집에 손을 벌릴 필요도 없었다. 다만 당시에 경력직으로 지원하기에 경력이 부족해서 이력서는 많이 보냈지만 한 군데에서도 답변을 못 받았다. 그래서 다시 기다림의 시간을 거쳐 한국에서 개발자로 일한 지 4년이 넘었을 때 다시 이직 준비를 시작했고, 지금 다니는 스포티파이에서 오퍼를 받게 된다.

재미있는 것은 막상 오퍼를 받고 나니 가는 것이 맞는 선택인지 긴가민가했다는 것이다. 그때가 서른이었으니 이미 어리지 않았고 오로지 직업적 경험을 위해 사는 나라를 바꾸기에는 삶의 질 면에서 신경 쓰는 것이 너무 많아진 나이였다. 결정을 망설이는 동안 나와 비슷한 나이에 해외에 나갔다가 이도 저도 아닌 상황이 되어 후회하는 사람들의 이야기도 인터넷에서 많이 읽었다.

그러나 뒤돌아보면 나의 경우에는 해외 생활을 조금 늦게 시작했기 때문에 다행인 점이 훨씬 많았다. 걱정이 무색하게 한국에서의 회사 생활과 자취 경험이 스웨덴에서 정착을 훨씬 쉽게 만들어 주었다. 사실 한국에서 한국 사람들과 부대끼며 일해 본 경험이 없었다면 나는 아마 백 번도 더 무너졌을 것이라 확신한다. 그리고 북유럽회사 특유의 분위기 안에서 갈피를 잡지 못하고 오랫동안 방황했을 것이다.

느리더라도 나답게
꿈을 이룰 것

스포티파이로 이직을 하며 스웨덴에서 생활하게 된 것은 여러모로 나를 바꾼 사건이었다. 대학생 때부터 끈질기게 외국에서 살기 위해 애를 썼던 과거의 나에게 해 주고 싶은 말이 있다면 '모든 것은 때가 있다'는 말이다. 미국의 뛰어난 개발자들과 함께 공부하고 일하는 나의 모습을 꿈꾸며 애를 썼던 시간들이 쌓이고 쌓여 적절한 시기에 나에게 어울리는 기회를 가져다준 것 같다.

집으로부터 금전적인 도움을 받았다면 목표에 일찍 도달할 수 있었을 수도 있겠지만 독립적인 삶을 중요하게 생각하는 성격상 언젠가는 밑바닥부터 직접 일구지 못한 회의감 때문에 지금보다 불행했을지도 모른다. 외국에 나가고 싶었지만 아슬아슬하게 사는 것은 원치 않았고, 내가 번 돈과 나의 결정으로 독립적인 삶을 꾸려 나가고 싶었던 나였기에 자력으로 안정된 생활을 유지할 수 있는 능력이 있을 때에 외국에 나가게 된 것이 나에게 좋은 일이었다고 생각한다. 그러므로 남들보다 조금 돌아왔을지언정 나답게 꿈을 이루게 된 결과에 만족한다.

확실히 사람들에게는 전부 다른 때가 있는 것 같다. 그러니 너무 늦은 것 같다고 망설이거나 일찍 포기하지 않기를 바란다. 사람들은 모두 다른 시간을 살고 몸과 마음, 환경이 준비되는 시간이 전부 다르기 때문에 각자의 시간을 존중하며 기다릴 필요가 있다. 나이가 너무 어리거나 너무 많아서 걱정이 된다면 반대로 그런 이유로 도움이 될 수도 있다고 생각하는 것이 어떨까. 찾아온 기회를 소중하게 생각하고 환경이 우리에게 가르치는 것을 겸손하게 배울 마음만 있다면 전부 걱정보다 괜찮을 것이다.

생각을 현실로 만드는 일에는 당장 실행하기 힘든 일을 지치지 않고 원하는 끈기 있는 욕망도 필요한 것 아닐까. 누군가는 내게 포기하라고 말하고 번번이 실패했지만, 나는 꿈을 완전히 놓아 버리지 않았다. 그 강렬한 마음이 결국 실행력으로 바뀌는 것 같다.

나의 요가 선생님께서 "마음이 향하면 환경은 스스로 바꾸게 된다"는 이야기를 해 주셨는데 이 말이 지금까지 내가 살아온 길을 잘 설명해 주는 것 같다. '외국에서 뛰어난 사람들과 일하며 살아 보고 싶다'는 생각을 종종 입안에서 굴려 보며 당장 할 수 있는 일은 무엇일까, 장기적으로는 어떻게 해야 할까, 마음이 원하는 곳으로 향하게 두었더니 유학에서 이직으로 방향을 틀어 보자는 생각이 들었던 것처럼 생각을 놓지 않고 때를 기다리니 때가 왔고 결국 현실이 되었다. 그러니 원하기를 멈추지 않으면 때는 찾아온다. 앞으로도 그렇게 믿으며 계속 원하고 생각할 것이다.

너무 늦은 것 같다고 망설이거나 일찍 포기하지 않기를 바란다. 찾아온 기회를 소중하게 생각하고 환경이 우리에게 가르치는 것을 겸손하게 배울 마음만 있다면 전부 걱정보다 괜찮을 것이다.

chapter 2.

일하면서

—

성장할
수 있습니다

나는 2년 전에 새로 만들어진 팀에서 일하고 있다. 이 팀의 시작 멤버 중의 한 명이기도 하다. 그런데 올해 우리가 기대하고 있던 프로젝트가 실패로 결론이 나면서 커리어를 시작한 이래로 가장 힘든 시간을 보내고 있다.

신규팀에 들어갈 때 하는 기대가 있다. 성공이 보장된 약속의 땅이라는 기대감과 아무도 해 보지 않은 일을 한다는 설렘, 깨끗한 눈밭에 첫 발자국을 남기는 것 같은 짜릿함도 있다. 이 팀에 오기 전에 나는 이미 잘 자리를 잡은 팀에 있었고 슬슬 업무가 지루하다고 느끼고 있었다. 도전적이고 새로운 변화가 필요했고 더 임팩트가 있는 일을 하고 싶었다. 그래서 새로운 팀을 꾸린다는 이야기를 들었을 때 큰 고민 없이 팀을 옮겼다. 팀을 처음부터 만들

수 있는 기회가 흔하지 않을 뿐만 아니라, 새로운 팀의 미션이 회사에 꼭 필요하다는 확신이 들었다.

적은 인원으로 구성된 신규팀은 탄탄하게 자리 잡은 팀에 비해 스타트업 같은 맛이 있었다. 그리고 마침내 팀이 만들어진 지 거의 1년 만에 회사에서 중요한 프로젝트에 우리의 이름을 올리는 데 성공했다. 여러 번에 걸친 도전과 많은 사람들을 설득한 끝에 얻은 중요한 성과였다.

여전히 작은 팀이었지만 기대 속에 약속한 일정대로 프로젝트를 끝내기 위해 열심히 일했다. 그런데 다른 조직의 개발팀과 그들의 리더 격인 높은 위치의 엔지니어가 같은 문제를 해결하겠다고 불현듯 나타났다. 이 사실을 알았을 때 우리 팀은 위기감을 느꼈지만, 중복되는 역할을 싸움이 아니라 협력의 관계로 해결하려고 부단히 노력했다. 하지만 두 배가 많은 개발자의 수와 리더의 정치적 수완으로 그들은 우리 팀을 프로젝트에서 밀어내는 데 성공하고 말았다.

변화란 늘 좋은 것이라고 생각했다. 변화한다는 것은 목표에 가까워지려고 여러 가지 시도를 한다는 뜻이니까. 변화가 나를 더 나은 방향으로 이끌어 준 여러 번의 경험을 통해 쌓은 신뢰이기도 했다. 나는 계속 도전하고 스스로를 변화시키기 위해 노력했다. 후퇴하는 것처럼 보일 때도 있었지만 결국 변화를 통해 원하던 목적지에 도달해 왔다.

하지만 이번만큼은 변화가 신데렐라의 유리구두 같은 마법이 아니었다. 믿었던 변화에게 배신을 당한 기분이었다. 1년 넘게 한 일이 순식간에 쓸모가 없어졌다는 것을 들었을 때, 회의를 하는 중인데도 갑자기 눈물이 나는 것을 참을 수 없었다. 그동안 들인 시간과 노력이 아까워서 미칠 것 같았다. 회사에서 더 임팩트가 있는 일을 하고 싶었던 것뿐인데 결국 아무런 영향력도 발휘하지 못하다니, 도대체 왜 나에게 이런 일이 생기는지 억울하다는 생각밖에 안 들었다.

아무리 생각해도 나를 포함한 우리 팀은 할 수 있는 모든 일을 다 했다. 그래서 더 받아들이기가 힘들었다. 회사 친구에게 과거를 되돌릴 수 있다면 절대 이 팀에 들어가지 않을 거라고 했더니, 당시에는 가장 좋은 선택처럼 보였으니 옳은 선택이 맞았다는 말을 하더라. 할 수 있는 일을 다 했어도, 예측할 수 없는 미래는 나를 생각지도 못한 방법으로 실패로 이끄는구나. 개발자가 되고 경험한 것 중에 가장 잔인한 교훈이었다.

이런 일이 있은 후에 심리상담을 받고 휴가도 썼다. 한동안은 일에서 거리를 두며 머리를 식히는 시간을 보냈다. 아무리 개발자로 일하며 수없이 실패하는 프로그램을 보고 장애 상황을 겪었어도, 모니터 밖에서 실패를 경험하는 일은 여전히 힘이 든다. 여러 번 울었고 상처가 된 기억을 쉽게 잊지 못할 것 같다.

우리 팀은 해체를 앞두고 있고 사람들은 각각 다른 팀으로 옮길 예정이다. 하지만 나는 아무런 일도 없었다는 듯 출근을 한다. 늘 그랬듯 웃으면서 출근하고 커피를 마시고, 당장 할 수 있는 일을 한다. 이게 갑자기 내 앞에 나타난 영문 모를 에러를 밤낮으로 뜯어본 끝에 내린 결론이다. 이미 벌어진 일은 과거의 일로 묻어 두고 당장 할 수 있는 일을 할 수밖에 없다고.

실패가 신나는 이야깃거리가 될 때까지

우리는 일이 되게 하는 과정에서 수많은 벽에 부딪히게 된다. 벽에 부딪혔을 때 내가 바보 같다는 생각이 들거나 바로 일어서지 못해서 식은땀이 날 때도 있지만, 해야 할 일은 정말 간단하다. 오류가 난 프로그램을 고치면 된다. 목이 마르면 물을 마시는 것처럼 당연한 순서다.

내가 통제할 수 없는 차원에서 기대와 다른 사건이 일어났다고 나의 부족함을 탓하지 말고 너무 상처받지 않았으면 좋겠다. 개발자인 내가 에러를 대하듯 아무렇지 않은 얼굴로, 지나가는 과정의 일부처럼 대할 수 있었으면 좋겠다. 사건이 이미 일어났다면 지금 할 수 있는 일을 하면서 수습을 해 나가면 된다.

용감하게 선택한 변화에 보란 듯이 배신을 당했지만 나는 다시 새로운 변화의 길을 찾을 것이다. 여전히 도전적이고 임팩트 있는 일을 원한다는 마음은 바뀌지 않았다. 잘못된 선택이 될까 무서워서 안전한 공간에 안주하지도 않을 것이다. 이번의 실패를 경험한 뒤로 다음 한 발자국을 내딛기가 훨씬 조심스러울지도 모른다. 그리고 또다시 실패할 것이다. 하지만 에러를 하나씩 고치며 점진적으로 완성의 단계를 밟듯 차분하게 맞설 생각이다.

개발자라면 누구든 이해할 수 없는 에러 때문에 몇 날 며칠 동안 고민하는 경험이 있으리라 생각한다. 그 순간만큼은 노력에 보답해 주지 않는 컴퓨터가 정말 야속하고 애가 탄다. 재미있게도 시간이 지나면 사람들은 웃으면서 에러를 극복한 이야기를 무용담처럼 이야기한다. 아주 바보 같은 실수, 긴박한 상황일수록 더 신나게 자랑한다. 내게 이번 실패도 그러한 이야깃거리가 되는 날이 올 것이다. 우리 팀이 1년 넘게 하던 일을 갑자기 뺏겨서 팀이 없어진 거야, 하하. 그래도 뭐라도 하다 보니까 여기까지 왔지 뭐야.

동작하는 코드를 만들기 위해 개발자는 수십 번, 수천 번 에러를 봐야 한다. 그리고 심지어 이런 상태를 즐길 수 있어야 한다. 하루 종일 에러를 해결하는 것이 개발자의 일상이니까.

당신에게는 칭찬 폴더가 있나요?

스스로를 칭찬 감옥에 가두자

회사에서 잘 성장하고 있다는 확신이 필요한 날에는 'Receipt Book'이라는 개인적인 문서를 열어 본다. 이 문서는 주 단위로 두 가지를 모아둔 것이다. 첫 번째는 내가 한 업무의 물증, 작성한 문서나 끝낸 일들의 목록 등이고, 더 중요한 두 번째는 사람들로부터 받은 긍정적인 피드백이다. 피드백은 전혀 거창하지 않고 대부분 "Great work!" 같은 아주 짧은 슬랙(Slack, 사내에서 사용하는 메신저 플랫폼) 메시지를 그때그때 스크린샷으로 저장한 것이다. 나를 향한 칭찬의 의미가 아주 약간이라도 포함된 모든 메시지를 빠짐없이 모으고 있다. 누군가에게 보여 주기 부끄러울 정도로 너무 사소한 스크린샷이 많기 때문에 회사에서 이 문서를 열어볼 때는 혼자 있을 수 있는 공간으로 일부러 자리를 옮기곤 한다.

결국 남는 건
기록뿐

언젠가 회사에서 참여했던 워크샵에서 꽤 많은 사람들이 비슷한 목적으로 업무와 성취를 기록, 혹은 꾸준히 기록하기 위해 노력하고 있다는 이야기를 들었다. 영수증철 또한 그 자리에서 들었던 기록 방법들 중의 하나였다. 여기에서 영수증은 소비자 입장에서 받는 영수증이 아닌, 돈을 받은 대가로 무언가를 제공하는 생산자의 자리에서 받는 영수증을 말한다. 즉 내가 월급을 받고 일을 하면서 생성된 증빙(칭찬)을 영수증을 모으듯 기록하는 것이다.

나는 쓰는 일은 좋아함에도 불구하고 사실을 꼬박꼬박 기록하는 일은 금방 지겨워해서 내가 그동안 한 업무는 기록을 거의 하지 않는 편이었다. 그런데 어떤 자리에서 한 엔지니어링 VP(Vice President, 부사장)가 일을 하다가 힘들 때 사람들의 칭찬과 감사를 모아 둔 문서를 열어 본다는 말을 했다. 처음에는 높은 자리에 있는 임원에게 그의 자존감을 채우기 위한 행동으로는 너무 단순하고 귀엽다는 생각을 했던 것 같다. 하지만 이상하게 그 이야기가 계속 귓가를 맴돌았고, 다른 수만 가지의 자기계발론보다 설득력이 있었다.

그것은 아마 누구나 가지고 있는 인정에 대한 욕구를 직접적으로 인정함과 동시에 인정의 범주를 매주 실천이 가능한 좁은 영역으로 끌어내리기 때문일 것이다. 사람들은 프로젝트의 성공적인 결과, 높은 사람으로부터 받는 평가, 높은 자리로 승진, 금전적 보상, 오직 이런 것들만이 진정한 내 가치의 확인인 것처럼 느끼는 경향이 있다. 하지만 주 단위로 범위를 한정해 보면 5일이라는 짧은 시간 동안 내가 꽤 괜찮게 일을 하고 사람들이 나의 결과물에 종종 긍정적인 피드백을 준다는 것을 알게 된다.

이것은 우리에게 필요한 감정을 가까운 범위에서 지속적으로 찾는 연습을 한다는 점에서 감사 일기를 쓰는 것과 비슷하다고 할 수 있다. 어떻게든 하루치 일기를 쓰기 위해 감사할 거리를 쥐어짜 내면 결국엔 감사가 되듯이, 회사에서 받는 미세한 긍정적인 신호들도 모아 놓고 보면 인정을 통한 자존감의 확인이 될 수 있다.

스스로에게
야박해지지 말 것

영수증마다 칭찬과 감사의 무게, 혹은 그 영수증을 발행한 사람의 진정성은 다르다. 하지만 이 글을 읽고 새로운 영수증철을 시작하는 사람이 있다면 그 순간만큼은 자신에게 한없이 관대해져서 영수증에 적힌 값어치가 싸거나 비싸거나 상관없이 긍정적인 피드백을 전부 모으기를 바란다. 누군가 지나가는 말로 고맙다고 했든 아주 공을 들여서 장문의 편지를 썼든 모두 가치가 있는 인정이므로 영수증을 수집하는 순간조차 스스로에게 야박할 필요는 없다.

처음으로 사내 온라인 콘퍼런스에서 발표를 했을 때 세션이 끝나고 채팅창에 '좋은 발표 감사합니다'라는 식으로 인사를 남긴 사람들이 있었다. 나중에 이 화면을 보면서 습관적으로 스크린샷을 만드는데 '이 말들이 정말 인사치레로 적은 말이면 어떡하지?'라는 생각이 들면서 과연 내 소중한 문서에 추가할 가치가 있는지 고민하고 있는 나를 발견했다.

당시에는 콘퍼런스에서 발표를 했다는 사실이 자랑스

러웠기 때문에 그 느낌을 간직하고 싶어서 어쨌든 저장을 했는데, 나중에 그 스크린샷을 다시 보면서 간직하기를 잘 했다는 생각을 했다. 내가 고민한 것은 '좋은 발표 감사하다는 말과 엄청나게 훌륭한 발표였다는 사실 사이의 상관관계가 있나?'였다. 하지만 시간이 갈수록 이건 별로 중요하지 않다는 생각이 든다. 더 중요한 목적은 발표라는 도전을 했고 끝까지 잘 들어준 사람들이 있다는 사실을 기억할 수 있는 형태로 남기는 것이다. 그럼으로써 새로운 도전을 할 미래의 내가 과거의 성취에서 추진력을 얻을 수 있는 도움닫기를 할 장소를 만들어 두는 것이다.

콘퍼런스 발표로 받은 영수증을 보면 인사를 남긴 사람들 중에 우리 조직의 높은 분의 이름도 보인다. 하지만 그렇다고 이 스크린샷을 들고 쫓아가서 나를 이렇게 인정했으니 뭐라도 내놓으라고 협박하는 우스운 짓은 하지 않을 것이다. 그저 일할 맛이 안 나는 어떤 날에 그동안 쌓인 영수증을 읽어 보다가, 불현듯 '맞아. 예전에 이런 발표도 했었지. 이 사람은 그때 왜 내 발표를 들었을까? 신기하네. 요즘에는 발표 준비가 뜸했는데 기회가 있나 알아볼까?' 정도의 생각을 할 것이다. 그리고 그것만으로도 이 문서의 역할은 충분하다.

뻔뻔한 게
뭐가 어때서

우리가 회사에서 일을 잘하려고 애쓰는 이유는 무엇일까? 결과적으로는 프로젝트의 성공, 승진, 연봉 인상과 같이 눈에 보이는 목표를 이루기 위해서라고 볼 수 있을지도 모른다. 그러나 일을 잘하고자 애쓰는 그 이면에는 내가 속한 조직에서 나의 노력이 얼마나 받아들여지고 인정받고 있느냐 하는 현실적인 감각이 중요한 부분을 차지한다고 생각한다. 나는 눈에 보이는 목표를 차근차근 이루어 갔고 스스로를 자랑스럽게 생각하긴 했지만, 반쪽짜리 만족감에서 벗어나지 못하고 있었던 것 같다.

내가 그동안 했던 실수는 누군가의 잘했다는 말 한마디를 충분히 음미할 권리를 자신에게 주지 않은 것이다. 그 말을 듣기 위해서 일한 것이 아니었고 물론 앞으로도 그럴 것이지만, 내가 나의 마음에 차게 잘하고 있는지가 그 무엇보다 중요했고 사람들이 좋은 이야기를 해 줄 때조차 회의적인 마음을 내려놓을 줄 몰랐다. 칭찬을 들을 때조차 별것 아닌 것 가지고 칭찬을 한다고 생각한 적이 많았다. 하지만 잘했다는 말을 듣고 대놓고 뻔뻔하게 기뻐해도 괜찮았던 것 같다. 나는 완벽하지 않지만 잘한다는 말을 들을 정도는 되기 때문이다.

이번 주에는 회의가 끝나고 매니저로부터 받은 "Great contribution"이라는 메시지를 영수증철에 추가했다. 최근 면담에서 다운된 것 같아 보인다며 내가 의견을 많이 내면 회의가 좋은 방향으로 흘러가니 생각을 계속 말하라는 이야기를 했는데, 다른 회의에서 활발한 나의 모습을 보고 피드백을 준 것이다. 사실 어떤 기여를 했다는 것인지 정확하진 않지만 '그냥 잘했구나'라고 생각하며 매니저에게 고맙다고 했다. 그리고 오늘은 무언가 해낸 것 같은 기분에 안도하며 시원한 마음으로 퇴근을 했다.

나는 앞으로도 계속 벌써 아주 길어진 영수증철에 영수증을 모을 생각이다. 엔지니어링 VP가 될 수 있을지 모르겠지만 나중에 지금보다 높은 자리에 있다면 같은 이야기를 사람들에게 해 줄 기회가 있었으면 좋겠다. 나는 조금 창피할 정도로 소소한 칭찬과 감사를 모아 둔 폴더가 있고 그것을 자주 들춰 보며 계속 성장해서 지금의 내가 되었다고.

나는 눈에 보이는 목표를 차근차근 이루어 갔고 스스로를 자랑스럽게 생각하긴 했지만, 반쪽짜리 만족감에서 벗어나지 못하고 있었던 것 같다.

내가 그동안 했던 실수는 누군가의 잘했다는 말 한마디를 충분히 음미할 권리를 자신에게 주지 않은 것이다.

평범한 내가 나만의 리그를 만든 방법
어딘가에는 분명히 있을 틈을 노려라

누군가를 처음 만났을 때 종종 듣는 말이 있다. '공대 나온 여자'와 '좋은 회사에 다니는 사람'이라는 말이다. 예전이나 지금이나 대중적인 브랜드의 회사에 일하기 때문에 회사 이름을 알거나 서비스를 이용하고 있다고 대답해 주는 사람들을 만나는 복을 누리고 있다.

누구나 알 법한 IT 회사에서 일하다 보니 나를 대단하게 봐 주시는 분들이 많은데, 회사에 가면 나 정도는 평범한 축에 속한다. 머리가 고사양 컴퓨터처럼 팽팽 돌아가는 사람들이 훨씬 많다.

작년까지 같이 일했던 개발자 중에 여태 봤던 사람들 중에서 손꼽히게 비상한 동료 B가 있다. 그는 개발을 정말 잘했고 뭐든 똑똑하게 잘했다. 석사 인턴으로 한 프로젝트가 회사에서 널리 사용되었는데 정말 흔하지 않은 케이스고, 두뇌 용량이 일반 사람들의 몇 배가 되는 것처럼 복잡한 내용을 두고도 막힘없이 대화를 했다.

내가 초라하게
느껴지는 날에도

이런 동료와 매일 같이 일을 하다 보면 내가 초라하게 느껴질 때가 많다. 저사양 컴퓨터는 무슨 짓을 해도 고사양 컴퓨터보다 느릴 수밖에 없는 것처럼 그가 비상하게 타고난 머리는 내가 타고난 머리로는 쫓아가기 힘든 속도로 일을 했다. 그와 일을 할수록 나의 부족한 점이 점점 선명하게 드러나는 것 같은 느낌이 자존심을 갉아먹었다. B가 은둔형 실력자라서 다행이라고 생각한 적도 있다. 그가 뽐내기를 좋아하는 사람이었다면 훨씬 많은 인정을 받았을 것이고 그 옆에서 나는 몇 배로 더 괴로웠을 것이다.

하지만 자존심에 금이 가서 쪼개질 때까지 평범한 지능 수준을 탓하기보다 어떻게든 내가 할 수 있는 일을 찾아야 했다. 그가 잘하는 것과 내가 잘하는 것이 확연하게 달랐고 그의 부족한 점이 나의 장점이기도 했다. 오직 나만이 나의 특별한 장점을 성과로 이끌어낼 수 있다고 생각했다. 그리고 이것을 치밀하게 생각하면서 기여할 수 있는 공간을 어떻게든 찾아 나가는 것이 비범한 사람과 일하면서 상대적으로 평범하게 보일지도 모르는 나의 탁월함을 보여주는 방법이라고 믿었다.

빈틈을 찾아
나의 강점을 발휘하자

B는 훌륭한 솔루션을 잘 만들어냈지만, 인내심이 부족해서 팀 안에서 불화 아닌 불화를 만드는 경우가 종종 있었다. 우리 팀에는 원격으로 일하는 신입 개발자 두 명이 있었는데 화상 회의에서 B가 하는 말이 그들에게 충분히 잘 전달되지 않아 나중에 서로 다른 이야기를 하는 문제가 빈번했다.

내 생각에 문제는 그가 화상 회의에서 설명이 너무 장황해서 신입 개발자들처럼 모르는 것이 많은 사람들이 대화를 따라가기 힘든 구조에 있었는데, 그는 원격으로 일하는 둘이 그저 자기 말을 못 알아듣는다고 생각하는 것 같았다.

여기서 내가 할 수 있는 일은 팀원 모두가 대화에 참여할 수 있는 방식을 만드는 것, 그래서 한 사람의 강한 의견이 전체의 대화를 좌지우지되지 않도록 중재하는 것이라고 생각했다. 무엇보다 나는 복잡한 콘셉트를 축약할 수 있을 만한 배경지식을 충분히 가지고 있고 이런 문서가 모두에게 유용할 것이라고 확신했다. 그때부터 많은 시간을 문서 작성과 차트 그리기에 썼고, 회의에서 내가 만든 요약을 다 함께 따라가면서 서로의 이해를 확인하는 방식으로 팀을 이끌어나갔다.

이렇게 일을 하면서 새로 알게 된 점이 있는데 내가 생각을 요약하고 도식화하는 기술이 꽤 좋다는 것이었다. 필요할 때마다 아이패드로 그린 그림이나 짧게 요약한 문서가 복잡한 콘텍스트를 이해할 때 정말 유용했다는 피드백을 많이 받았다. 그리고 나의 문서를 바탕으로 신입 개발자들이 자기 생각을 활발하게 말하기 시작했을 때, 사람들 사이에 생각이 효율적으로 흐르도록 통로의 역할을 제대로 한 것 같다고 생각했다.

이것이 여러 사람들과 팀으로 모여 일하는 묘미 중 하나인 것 같기도 하다. 저마다 다른 재능을 떨치고 서로의 부족한 점을 보완하면서 하나처럼 합을 맞춰 움직이는 것.

훌륭한 팀이란 다양한 사람들이 상호 보완의 관점으로 서로의 다름을 바라볼 때 만들어지며 팀은 개인이 할 수 있는 것보다 훨씬 많은 일을 성취할 수 있는 것이라고 생각한다.

열등감과 질투 역시
성장의 연료로 삼을 것

월등히 뛰어난 사람과 한 팀이 되는 경험이 마냥 즐겁지만은 않다. 자신의 일을 사랑하고, 더 잘하고 싶은 사람이라면 나를 앞질러가고 있는 사람이 장애물처럼 느껴질 수도 있다. 적어도 열등감과 질투를 버리지 못한 나는 그렇게 느낀 때가 종종 있었다.

한편 우리 둘의 매니저는 우리가 좋은 상성을 가지고 있다고 보고 내게 서로에게 배울 점이 많을 테니 더 가깝게 일을 해 보라고 조언을 했다. 아마 팀 다이내믹 차원에서 좋게 보였던 것 같다. 그가 매니저의 조언을 어떻게 받아들였는지는 모르겠지만, 그때의 나는 이런 조언을 어른스럽게 받아들이지는 못했다.

그가 나보다 나이가 훨씬 많고 멘토와 멘티로 약속된

사이였다면 그와의 만남은 내게 긍정적인 경험으로 남았을지도 모르겠다. 하지만 이렇게 어리면서 범상치 않은 사람이 내 앞에 나타난 것은 처음이었고 그의 존재를 어떻게 써야 하는지 현명하게 대처하지 못한 것이 아쉬움으로 남는다.

이것이 시작일 뿐 내가 성장하고 더 도전적인 환경으로 갈수록 나는 자연스럽게 더 비범한 사람들에게 둘러싸일 것이다. 그들과 같은 땅에 발을 디딜 만큼 성장했다는 뜻이며 그들의 존재 자체가 계속되는 도전일 것이기 때문에.

하지만 다시 비슷한 상황에 놓이게 된다면 그들 사이에서 내가 할 수 있는 일, 내 장점이 돋보일 수 있는 일을 찾아 나의 영역을 조금씩 넓혀 가는 것과 동시에 뛰어난 사람들에게 겸손하게 배우는 자세 역시 잊지 말자고 다짐한다.

배울 점이 있는 사람들과 일을 하게 되는 경험은 의심할 여지가 없이 복이고 내가 갈고닦아야 할 지식과 지혜는 이 세상에 무궁무진하기 때문이다. 자존심에 상처가 나는 것 같은 기분은 잠깐이지만 성장은 절대 없어지지 않으니까. 그러면 혹시 모른다. 언젠가는 나 또한 누군가에게 배울 점이 있는 사람으로 비추어질지.

누가 더 중요한 일을 하고, 누구의 일이 더 많은 박수를 받는지보다 중요한 것은, 팀이 없었다면 그 일을 마무리하지 못했을 것이라는 사실을 모두 알고 있다는 것이다.

영어로 일할 수 있는 사람이 되기까지

영어는 어려움을 먹으며 성장한다

스포티파이에서 승진을 한 번 했을 때 당시 매니저로부터 받은 추천서에 이런 내용이 있었다.

"나현은 이미 시니어 개발자의 역량을 갖추고 있으나, 언어의 문제로 채용 인터뷰에서 시니어 등급의 평가를 받지 못한 것 같다고 추측한다."

이 말이 사실인지 아닌지는 확인할 길이 없지만, 내가 막 이직을 했을 때의 영어는 확실히 나의 기량을 전부 발휘하지 못하게 하는 방해 요인이 맞았다. 우리 팀에는 미국인도 있었고 어렸을 때부터 영어 콘텐츠를 보면서 자라서 영어가 자연스러운 유럽 사람들도 있었다. 그들보다 내가 부족하다는 고민과 열등감은 꽤 오랫동안 내 발목을 잡았다.

팀에 스톡홀름에서 잠깐 공부를 하고 여기에 가족을 데려와 자리 잡은 중국인 동료가 있다. 그는 우리 회사에서 5년 넘게 일했는데 이러한 그도 영어로 일하면 자신의 퍼포먼스가 절반이 되는 것 같다고 했다. 과장이 일부 섞였다고는 생각하지만, 그가 아직도 언어에 제약을 느낀다는 사실은 분명히 알 수 있었다.

우리 팀의 미국인 동료는 영어가 모국어인 데다 학위 과정을 밟으면서 학문적인 글쓰기 경험이 유난히 많은 수다쟁이다. 자신의 의견을 강조할 때면 매우 화려한 화법을 구사해서 듣는 사람이 잠자코 들을 수밖에 없게끔 했고, 그와 같이 오래 일한 사람들에 따르면 자신의 이런 강점을 잘 알고 있는 것 같다고 했다. 나를 포함한 모두가 그를 좋아했지만, 모국어로 말하는 사람의 거침없는 화술에 말이 턱 막힐 수밖에 없는 상황은 누구에게나 좋은 경험이 아닌 것 같다.

말하기를 잘하려면 듣는 것부터

해외 취업을 원하는 한국 사람들에게 영어는 가장 부

담스러운 부분일 것이다. 나 역시 영어에 남다른 자신이 있어서 외국 회사의 문을 두드렸던 것은 아니다. 인터뷰는 주로 기술적인 내용을 다루기에 기술에 대한 것만 영어로 어떻게든 설명을 할 수 있으면 승산이 있을 것 같았고, 나머지 모자란 부분은 입사를 한 뒤에 고민해도 늦지 않다고 생각했다.

영어에 조금이나마 자신감이 있었던 데에는 대학생 때 교환학생으로 미국에서 한 학기를 보냈던 경험이 큰 역할을 했다. 미국에서 수강한 과목 중에 특히 내용이 어렵고 말이 빠른 교수님이 가르치시는 수업 하나가 있었는데, '교환학생으로 수강하는 수업 중에 하나 정도는 포기해도 괜찮지 않을까?'라는 생각이 들 정도로 따라가기 힘든 수업이었다. 그런데 이상하게 그 수업에서 느끼는 어려움을 극복하고 싶은 욕심이 점점 커졌다. 그래서 이 수업만은 정말 많은 시간을 들여서 공부했다. 수업에서 교수님과 가장 가까운 자리에 앉아서 녹음을 하고 혼자 여러 번 들으면서 복습을 했다.

교환학생 학기가 끝날 때 즈음에는 같은 수업에서 바로바로 이해할 수 있는 말의 비중이 많아졌다. 그러면서 영어 말하기가 덩달아 수월해지는 것이 느껴졌다. 듣기에 자신감이 없으면 말하기에도 자신이 없는 것은 어찌 보면 당연하다. 상대방이 무슨 말을 하는지 모르는데 어떻게 내 편에서 말을 이어갈 수 있단 말인가. 그러니까 말을 잘하려면 우선 잘 들어야 했다. 상대방의 말을 제대로 이해했기 때문에 말하기가 비록 어설퍼도 어떻게든 말을 받아칠 수 있는 여지가 생겼다.

영어로 일하는 회사로 이직을 준비하고 있다면 영어 팟캐스트를 습관처럼 듣는 것을 추천한다. 나는 출퇴근이나 산책, 혹은 집안일을 할 때처럼 몸이 기계적으로 움직이는 시간에 귀로는 늘 영어 콘텐츠를 듣는다. 이직 준비를 할 때는 개발자 팟캐스트를 열심히 들었고, 지금은 요가부터 시작해서 저널리즘, 수다 채널까지 다양하게 구독하고 있다.

팟캐스트를 들을 때 완벽하게 대화를 이해하는 것보다 사람들이 말하는 자연스러운 속도에 익숙해지는 것이 더 중요한 것 같다. 그래서 일부러 스크립트를 보거나 걸리는 부분마다 멈추고 단어 뜻을 찾아보는 일은 잘 하지 않는다. 지금보다 훨씬 영어를 못할 때도 그랬다. 우리가 여태까지 각종 영어 시험을 위해 암기한 단어의 양이면 생각보다 많은 영어 대화를 이해할 수 있다고 생각한다. 다만 암기한 단어가 실제로 어떻게 들리는지 우리가 잘 모를 뿐이다. 단어와 소리를 연결 짓는 데 중점을 두고 영어 듣기를 습관화하면 좋겠다.

필요 이상으로
열심히 하는 수밖에

　회사를 옮기고 처음에는 중요한 순간에 말이 잘 안 나와서 여러 번 울었다. 이런 상황을 미리 생각했음에도, 영어에 유창하고 말도 빠른 사람들 앞에서 주눅이 들고 참을 수 없이 짜증이 났다.

　나는 미국 교환학생 때를 생각하며 정면돌파를 택했다. 어떤 종류의 회의건 내가 앞장서서 말할 수 있는 기회가 생기면 열심히 손을 들었다. 내가 처음 있던 팀에서는 매일 아침마다 하는 스탠드업 회의의 진행자를 당일 아침에 뽑았는데, 이런 작은 회의를 진행하는 일조차 필요 이상으로 열심히 했다. 회의를 진행하게 되면 꼭 미리 내용을 숙지하고 내가 어떤 말을 어떻게 해야 하는지 시뮬레이션을 했다.

　회사의 채용 면접관으로 열심히 들어간 것도 비슷한

이유 때문이었다. 인터뷰 절차는 정해져 있기 때문에 면접 관인 나는 내용을 미리 연습할 수 있다는 장점이 있었다. 게다가 우리 회사는 항상 두 명의 면접관이 짝으로 참석 하는데, 내가 혹시 실수를 해도 다른 사람의 도움을 받을 수 있다는 점도 안전하게 느껴졌다.

면접관을 하면서 말하기 자체에도 자신감이 붙었지만 다양한 억양을 들을 수 있던 것 또한 중요한 소득이었던 것 같다. 지원자들 중에는 미리 인터뷰 내용을 알지 못했 다면 거의 추측이 불가능할 정도로 생소한 억양을 가진 사람도 있었다. 하지만 이런 어려움조차 계속해서 면접관 으로 들어가면서 극복했다. 처음에는 긴가민가하던 인도 사람들의 영어조차 시간이 갈수록 선명하게 들렸으니까.

한마디라도 더 하는 것이 중요하니까

영어로 잘 일하는 방법은 여태까지 거쳐간 모든 매니 저들과의 대화에서 빠지지 않는 주제였다. 개발자에게도 의사소통은 역량을 표현하는 중요한 수단이다. 그리고 말 이 많고 말을 잘하는 사람이 주도권을 잡는 패턴은 이 회사에도 존재한다. 심지어 영어가 제1 언어가 아닌 사람들끼리 은근히 미국이나 캐나다 출신의 사람들과 논쟁을 할 때 느끼는 어려움을 서로 토로하기도 한다.

영어에 대해 받은 피드백 중에 기억나는 것은 '말하다가 막히면 포기하지 마라'다. 매니저는 내가 복잡한 내용을 설명하다가 생각이 제대로 말로 나오지 않는 것 같으면 마무리를 못하고 포기한다고 했다. 영어로 설명을 하는 중에 스스로 무슨 말을 하고 있는지 쫓아가지 못하는 상황은 영어 회화를 연습해 본 사람이라면 공감할 것 같다. 매니저는 이럴 때 포기하지 말고 생각을 다시 정리해서 말하라고 했다. 어차피 사람들은 영어가 나의 모국어가 아닌 것을 알고 있고 내가 말을 다시 만드는 것쯤은 다 같이 기다릴 수 있다면서, 앞에 했던 말을 취소하고 다시 시작하는 것을 무서워하지 말라고 했다.

사실 내가 영어를 못해서 민폐를 끼친다는 생각이 든 적도 있다. 하지만 이 피드백을 받은 후 그런 마음을 고쳐먹고 좀 더 뻔뻔해지기로 했다. 내가 이 회사에 있는 이유는 직업적 전문성을 키우기 위해서지, 영어를 평가받기 위해서가 아니다. 나는 부족한 영어 안에서 의사소통을 하면 되는 거다.

세계 각지에서 온 저마다 다른 영어를 구사하는 사람들과 일을 해 보니 영어로 일하는 사람들이 무조건 매끄럽고 고급스러운 영어를 목표로 해야 하는 것은 아닌 것 같다. 완벽주의에 사로잡히면 결국 한 마디라도 더 해 볼 수 있는 기회를 놓치게 된다.

화자에게 카리스마를 주는 것은 무엇보다 말하는 사람의 에너지와 주제에 대한 열정이다. 그 사람이 의견을 말하고자 하는 의지가 보인다면 그가 아무리 단순한 영어로 말을 한다 한들 사람들은 그 말에 귀를 기울인다. 매니저가 나에게 주었던 피드백도 결국 이런 차원이었던 것 같다.

나는 하루에 꼬박 아홉 시간을 내내 영어로 읽고 쓰고 말을 한다. 처음 스웨덴에 왔을 때와 지금을 비교해 보면 스스로도 놀랄 정도로 영어가 많이 늘었다. 내가 영어 때문에 혼자 울었다는 이야기를 하면, 그때의 나를 알지 못하는 사람들은 상상이 안 간다는 이야기를 할 정도다. 이렇게 영어가 늘 수 있었던 것은 내가 영어에 노출되는 시간을 늘리고, 회사에서 영어로 부딪히는 상황을 피하지 않았기 때문일 것이다. 좋아하는 팟캐스트 채널의 400개가 넘는 에피소드를 거의 다 들었고, 작은 회의 하나, 아주 짧은 발표 하나도 고심해서 준비하고 연습했다. 종종 실수를 하고 진땀을 흘리기도 했지만 이런 어려움을 견디는 노력 덕분인지 나는 더 이상 영어 때문에 눈물을 흘리지 않는다.

내가 이 회사에 있는 이유는 직업적 전문성을 키우기 위해서지, 영어를 평가받기 위해서가 아니다. 나는 부족한 영어 안에서 의사소통을 하면 되는 거다. 완벽주의에 사로잡히면 결국 한 마디라도 더 해 볼 수 있는 기회를 놓치게 된다.

왜, 그리고 어떻게 일할 것인가

커리어를 장기 계획해야 하는 이유

나는 지금 포지션인 시니어 엔지니어로 승진을 한 지 거의 4년이 지났기 때문에 슬슬 다음 승진에 대한 준비를 할 때가 왔다. 승진 프로세스를 알아 갈수록 장기적인 계획과 전략적인 접근의 필요성을 배우며, 내가 커리어를 생각하는 시각이 달라져야 함을 깨닫는다.

어느 정도의 규모를 갖춘 테크 회사 중에는 개발자 승진 프로세스가 정형화되어 있는 곳이 많다. 특정 포지션으로 승진을 하려면 어떤 업무 경험이 필요한지 세분화된 문항들이 정해져 있어서, 이런 문항에 대한 예제와 자기 PR, 그리고 외부 피드백을 모아서 소위 승진 위원회에 제출한다.

시니어 엔지니어까지의 승진은 시간이 지나면서 자연

스럽게 오는데, 본격적인 문제는 그다음 승진부터다. 다음은 스태프 엔지니어라는 포지션인데 쉽게 말해서 여러 개의 팀을 관리하는 매니저 직급의 개발자다. 그래서 여러 팀 사이의 공통된 기술적 문제를 발견하거나 여러 팀이 관여된 프로젝트의 기술적 딜리버리를 책임지는 등, 팀 하나를 훌쩍 벗어난 기술적 업무를 하게 된다.

승진에 필요한 건
운과 치밀한 전략

스태프 엔지니어 프로모션에 대해 공부를 하면 할수록 절대적인 장기전이자 전략이 필요하다는 생각을 했다. 같은 엔지니어 타이틀이지만 시니어 엔지니어가 스태프 엔지니어가 되는 것은 커다란 커리어 점프를 이루는 것이다. 여러 팀 관리자에 상응하는 위치이므로 그에 걸맞은 사이즈의 경험이 필요한데, 이런 기회는 흔하지 않고 아무에게나 돌아가지 않는다. 개인이 언제 어디에서 일하느냐에 따라 기회가 전혀 오지 않을 수도 있다. 운이 좋게 승진 기회를 잡았다고 하더라도 여러 팀이 관여하고 사이즈가 큰 프로젝트이기 때문에 업무의 성과를 확인하기까지 적어도 몇 달의 시간이 필요하다는 문제도 있다.

그래서인지 주변의 스태프 엔지니어들에게 물어보면 승진 문서에 적은 내용들이 지난 이삼 년 간의 업무를 정리한 것이라고 말하는 사람들이 많았다. 그러나 이삼 년 만에 승진하는 사람들은 운이 좋은 경우다. 기회를 잡지 못하거나 딜리버리에 문제가 생기는 등 미끄러질 수 있는 경우의 수를 생각하면 2년은 사실 굉장히 짧은 시간이다.

지금까지 인생의 모토가 '계획하지 않기로 계획하기'일 정도로 나는 계획과 거리가 멀다. 가까운 미래나 앞으로 5년, 10년에 대한 장기적인 계획을 세우지 않고 늘 지금 할 일을 열심히 하는 것을 가장 중요하게 생각하며 살았다. 그렇기 때문에 먼 미래의 일을 걱정하지 않고 그때그때 하고 싶은 일들을 하면서 유연한 삶을 살 수 있었던 반면, 지금 나의 커리어적 상황을 보면 장기적인 계획이 없었기 때문에 성취하기까지 오랜 시간이 걸리는 목표에 대한 준비가 되어 있지 않은 상태라고 할 수 있다.

주변 환경이 자연스럽게 스태프 엔지니어가 될 수 있도록 떠먹여 주는 소수의 사람들이 있는 반면, 내게는 이런 기회가 전혀 오지 않았다. 환경적 운이 안 좋았다는 점이 안타깝긴 하지만 오로지 이것 때문에 여태 승진을 못했다고 생각하지는 않는다. 오히려 가장 후회가 되는 것은 승진을 미리 계획적으로 생각하지 않았던 나의 태도다. 스태프 엔지니어가 되는 모든 사람들이 운이 따라 줘서 승진하는 것은 아니라고 생각한다. 그중에는 나처럼 상황이 잘 풀리지 않아도 어떻게든 방법을 찾아낸 사람들이 있을 것이다.

예를 들어서 팀에 남는다와 떠난다 사이에서 고민을 할 때, 머릿속에 승진에 대한 생각이 있었다면 과거와 전혀 다른 결정을 내렸을 것 같다. 찾고 있는 기회가 기존 팀에서 생길 가망이 없어 보이면 미련 없이 떠날 수 있었을지도 모르겠다. 하지만 계획이 없었기 때문에 모험을 한다거나 협상을 하는 등 미래를 내다보고 전략적인 선택을 하지 못했다.

10년 후 나의 모습을 상상해야 하는 이유

내가 여태까지 회사에서 만난 아주 높은 자리에 있는 사람들은 다들 그 자리에 오르겠다는 목표를 두고 모든 일을 의도적으로 선택했다고 말했다. 장기적인 목표를 세위 두고 목표 성취에 도움을 주는 업무가 무엇인지 분간하면서 일을 했다는 뜻이다. 이들과의 만남을 통해 커리어에 장기적인 계획이 필요한 이유를 정확히 이해할 수 있었다. 계획은 정확한 의도를 가지고 방향성 있게 일을 할 수 있게 도와준다.

얼마 전에 스태프 엔지니어이신 분과 이야기를 하면서 우리 팀에 어떤 문제가 있는데 내가 나서서 해결하는 것이 어떨지 물어본 적이 있다. 그때 그분은 그 문제를 내가 직접 해결했을 때 나에게 좋은 점이 무엇인지, 내게 남는 성과가 무엇인지 되물으셨다.

나는 그의 질문에 확실하게 대답할 수 없었고 내가 아직 중구난방으로 일을 하고 있다는 생각이 들었다. 이 문제는 단지 나를 짜증 나게 하는 요소 중에 하나일 뿐 이 문제를 해결해서 내가 얻는 것은 많지 않기 때문이다. 물론 모든 일이 성과가 될 수는 없고 순수하게 좋아하는 마음으로 하고 싶은 업무도 있기 마련이다. 그래서 나는 오늘도 이 일을 그냥 하고 싶어서 하는 것인지, 아니면 목표를 이루기 위해 하는 것인지 구분하려 애쓴다.

요즘의 나는 회사의 승진 가이드라인의 예제를 모두 채우는 것을 장기 목표로 두고 일하고 있다. 3개월에 한 번씩 그동안 한 일을 떠올리며 점검한 후 새로 생긴 예제가 있으면 문서에 업데이트한다. 그리고 다음 3개월 동안 집중적으로 생각해야 할 업무가 무엇인지 미리 선택하기도 한다. 항목이 삼십 개가 넘기 때문에 전체를 한꺼번에 신경 쓸 수는 없고, 몇 개월 단위로 짧은 계획을 세우며 주기적으로 점검하기로 했다.

승진 가이드라인을 점검하는 시간은 개인적인 회고의 기회이기도 하다. '그동안 나는 얼마나 방향성 있게 일을 했나', '시간을 낭비하거나 보완이 필요한 부분은 없나'에 해당하는 예제를 하나도 추가하지 못하는 때도 있지만, 그럼에도 가이드라인을 처음부터 다시 읽어 보며 내가 맞는 방향으로 가고 있는지 가늠해 본다.

이렇게 일을 할 때 좋은 점은 내 부족한 점을 확실히 알고 주변에 도움을 구하기 시작한다는 것이다. 도무지 내게 기회가 오지 않을 것 같은 업무는 어떻게 할 수 있는지 매니저와 상의를 한다. 나의 질문은 "어떻게 승진을 하나요"에서 "우리 팀에 더 많은 사용자와 일할 수 있는 프로젝트가 있나요"라는 식으로 훨씬 구체적으로 바뀌었다.

결국 지금 팀의 업무가 나의 승진, 더 나아가 이 회사에서 나의 성장에 큰 보탬이 되지 않는다고 매니저를 설득시켰다. 이제 내게 맞는 자리를 리서치하는 일이 남았는데, 장기적 목표가 확고해지자 새삼 전과 다른 종류의 대화를 하게 된 점이 내게 큰 변화라면 변화라고 할 수 있다.

처음에는 이러한 방식이 나를 옭아맨다고 지레 짐작했던 것 같다. 하지만 가이드라인과 계획을 통해 내가 커리어라는 지도를 더 자세히 읽기 시작했다고 말하는 것이 정확한 것 같다.

나는 질러가는 길과 돌아가는 길을 구분하는 법을 배웠다. 확실히 과거의 경험으로부터 익숙한 대로 행동하기보다 내가 세운 목표를 떠올리면서 거기에 부합하는 결정을 하게 된다. 아직 훈련이 덜 되었으니 '아차' 하는 순간이 있고 당장 내가 가지고 있는 예제는 많지 않다. 그래도 앞으로 매일 조금씩 더 의도적으로 일을 하다 보면 한두 개씩 쌓아 나갈 수 있겠지.

승진 가이드라인을 채우는 일은 남이 만들어 둔 목표를 쫓아가는 일에 가깝지만, 나는 여기부터 시작해서 의도적으로 나의 커리어를 만드는 준비와 연습을 시작한다. 가이드라인이 디자인된 것처럼 장기적인 목표를 세부 사항으로 나눠 보고, 실천을 하며 어디까지 왔는지 주기적으로 점검해 본다. 이것만큼은 승진 프로세스에서 확실히 배웠다.

인상 깊은 커리어에는 스토리가 필요하다.
나는 어떤 이야기를 만들어 갈 것인가?

누군가의 성장이 나의 보람이 된다는 것
가끔은 일이 아니라 사람을 배웁니다

짧다면 짧고 길다면 긴 시간 동안 일을 해 왔다. 어느덧 나도 어느 자리에 있어도 어리지 않은 나이가 되었고 자연스럽게 보다 경력이 적은 개발자들에게 무언가를 가르쳐야 하는 입장이 되곤 한다. 이것을 보통 사람들은 사수가 부사수를, 선배가 후배를 가르친다고 말하지만 가르친다는 말은 정확한 표현이 아닌 것 같다.

적어도 회사에서 가르친다고 부르는 행위는 사람들이 스스로 배우는 과정에서 필요 이상의 고생을 하지 않을 만큼의 도움을 주고 무엇이든 물어볼 수 있는 사람으로 옆에 있어 주는 일에 가깝다고 생각한다. 물론 잘못된 부분이 보이면 지적하기도 하지만, 여전히 큰 전제는 사람들의 주체적인 성장을 거들어 주는 일에 있어야 한다. 그러니 내가 직접 지식을 가르쳐 주기보다 그들이 그것을 스스로 깨우치는 시간을 같이 견뎌 주는 조력자에 가까운 셈이다.

성실한 조력자가
된다는 것

다른 사람들을 알아 가고 그들의 조력자가 되는 일은 재미있기보다 힘들게 다가오는 때가 훨씬 많았다. 이제는 친하지 않은 사람과 대화를 이끌어 갈 정도의 사회성을 길렀지만, 다른 사람을 배우는 일은 언제나 변함없이 어렵다. 그리고 혼자 해결할 수 있을 것 같은 문제를 물어볼 때는 답답한 마음이 들 때도 많다. 질문을 많이 받는 위치에 있는 사람이라면 공감할 것이라고 생각한다.

그럼에도 최선을 다해 도와주려는 이유는 나를 포함한 우리 모두에게 능숙하지 않은 시간이 필요하기 때문이다. 이제는 빠른 사람이 있으면 느린 사람도 있다는 것을 잘 알고 있다. 그래서 나의 기대를 강요하는 대신 그의 시간을 인내심을 가지고 존중하는 것이 올바른 조력자가 되는 방법이라고 믿는다.

그러한 시간을 겪는 사람을 지켜보는 것은 남을 통해 나를 돌아보는 기회가 되기도 한다. 같은 위치에 있었던 예전의 나를 떠올려 보기도 하고, '다음에 비슷한 상황이 생기면 이렇게 하자. 저렇게는 하지 말자'라고 생각하며 내 태도를 돌아보고 더 나은 방향으로 다듬는 기회로 삼는다. 남을 위해 내 시간을 쓴다고 생각하기 쉽지만 따지고 보면 내가 주는 도움보다 남을 통해 깨닫는 것이 더 많은 것 같다.

성장하는 동료를
지켜보는 즐거움

새로운 사람들을 알게 되는 것은 언제나 놀라움과 즐거움을 동반하는데, 누군가가 회사에 새로 입사해서 성장하는 모습을 지켜보는 것은 그중에서도 특별한 경험인 것 같다. 나는 한 회사를 적어도 5년씩 다녔기 때문에 막 커리어를 시작한 사람들이 이삼 년에 걸쳐 변하는 모습을 볼 기회가 많았다. 호기심으로 가득 찬 그들의 모습은 익숙함에 젖어 반복되는 하루를 사는 내게 영감으로 다가온다.

이런 식으로 인연이 닿은 사람들 중에 같은 팀에서 일

하는 한 동료 개발자는 처음부터 유독 마음이 많이 갔다. 나와 같은 포지션의 여자 개발자, 그리고 유럽에 사는 익스팻(Expat, Expatriate의 줄임말. 국외에 거주하고 있으나 국내 국적을 유지하고 있는 사람)이라는 공통점으로 처음부터 통하는 점이 많았다. 팀에 여자 개발자가 우리 둘뿐이었을 때부터 서로의 어려움을 털어놓으며 서로 의지하고 지지해 주는 유일한 동료이기도 했다.

그에게 특히 마음이 갔던 이유는 문제에 부딪혔을 때 해결하려는 의지가 비슷한 연차의 사람들에 비해 강하게 느껴졌기 때문이다. 생각보다 많은 사람들이 문제가 보여도 그냥 두고 본다. 특히 경험이 적을수록 상황에 끼어들 권리가 없다고 섣불리 판단하곤 하는데, 개인적으로 안타깝게 생각하는 태도 중에 하나다. 그러나 이 동료는 기술적인 문제건 일하는 방식의 문제건 납득할 수 없는 상황을 그냥 지나치지 않고 어떻게든 솔루션을 찾기 위해 노력했다. 물론 처음에는 어떻게 해결해야 하는지 갈피를 잡지 못할 때가 많았다. 그럴 때마다 용감한 동료는 내게 의견을 묻고 조언대로 차근차근 해결해 나갔다. 이런 모습이 나의 눈에 인상적으로 보였던 것 같다.

얼마 전에는 그가 진행하던 업무에서 매니저와 문제가

생긴 일이 있었다. 그가 아이디어를 제안하고 사람들을 설득해 공을 들여서 작성하던 문서가 있는데, 매니저가 리뷰를 하면서 처음에 상의한 것과 전혀 다른 방향으로 코멘트를 준 것이다. 덕분에 열심히 쓴 문서는 마무리할 수 없는 상태가 되었고, 이런 상황이 팀의 퍼포먼스를 떨어뜨릴 뿐만 아니라 여러 번 되풀이된 것을 깨달은 동료는 직접 되풀이되는 문제에 대한 팀 전체의 회고 회의를 진행했다.

회고는 간접적으로 일관되지 않은 의견으로 혼선을 주는 매니저의 태도를 지적할 수밖에 없었다. 이런 사실을 공론화하려면 그보다 경력이 많은 나 또한 정말 많은 용기가 필요하고, 어떤 톤으로 회의를 진행해야 하는지 아주 많은 고민이 필요하다. 그래서 평소처럼 회의 전에 그가 생각하는 내용에 대해 미리 대화를 나누기는 했다. 하지만 이번에는 문제의 발견부터 실행까지 전부 그의 아이디어였다는 점에서 나는 눈에 띄게 성장한 내 동료의 모습을 발견했다.

처음 회사에 들어와 도움을 요청하던 혼란스러운 얼굴이 많이 없어졌다. 대신 그때보다 용감해지고, 좋은 의견으로 가득 차 있고, 충분한 실행력을 갖추고 있는 사람이 되어 있었다. 그리고 그가 더 이상 누군가의 도움이 없이

도 혼자의 힘으로 충분히 전진할 수 있는 사람이 된 것을 느낄 수 있었다. 누군가가 내가 키운 아이처럼 자랑스러운 것은 정말 오랜만이었던 것 같다.

바람직한 성장의
모습

내가 회사에서 처음으로 막내가 아니게 되었을 때 누군가 이런 이야기를 해 주셨다. '다른 사람의 성장이 네 성과가 되는 날이 온다.' 그 조언의 뜻을 많은 사람들과 상당한 시간을 함께한 지금에서야 깨닫는다. 이 말은 단지 일인분을 잘하기보다 주변 사람들의 성장에 일조하여 훨씬 큰 임팩트를 만들어야 하는 때가 온다는 뜻이다.

회사 안에서 어느 정도 위치에 오른 이들은 혼자 나의 일만 하기보다 사람들의 조력자로서 시간을 투자하고, 그들을 한 단계 위로 끌어올려 이전에는 할 수 없었던 일을 할 수 있는 팀으로 발전시켜야 한다. 결국 내가 없어도 나처럼 일할 수 있는 사람들, 나의 업무를 위임할 수 있는 사람들을 만들어서 그들을 통해 내 영향력을 지속시키는 것이다. 이는 나를 중심으로 다 함께 성장할 수 있는 환경을 만드는 리더십의 영역이기도 하다.

위임을 통해 직접적인 관여에서 빠지고 내 영향력만을 유지한 채로 업무가 굴러가는 동안, 그 일을 직접 하지 않아서 생기는 여분의 시간을 더 도전적인 업무에 투자할 수도 있다. 그러면 내가 차지하고 있던 영역을 이어서 받는 사람에게도, 새로운 일을 위해 이전의 영역을 손에서 놓는 내게도, 양쪽 모두가 성장하는 결말을 만들 수 있다. 이것이 우리의 발자취를 가장 좋은 형태로 사람들에게 남겨야 하는 궁극적인 이유다.

현실에서는 많은 사람들이 위임에 어려움을 겪는다. 아무리 가깝게 일을 같이 했다고 해도 분신술을 하지 않은 이상 동료들은 결국 나와 다른 가치관을 가지고 다른 생각을 하고 다르게 행동하는 사람들이다. 그래서 다른 사람의 손에서 자신의 기대와 전혀 다르게 진행된 업무 때문에 고민하는 사람들을 많이 보았다.

위임한 업무의 퀄리티가 너무 나쁘다는 것을 높은 사람을 통해 전해 듣게 되고 결국 위임한 사람의 책임처럼 결론이 나거나, 진행이 너무 더뎌서 본의 아니게 위임했던 일을 다시 가져와야 했다는 등 일이 직접 통제할 수 있는 영역을 벗어나면 생각지도 못한 문제가 생기게 마련이다.

그래서 위임하지 않고 직접 일을 하기를 선호하는 사람들이 한편으로 이해가 간다. 내가 원하는 대로 일을 할 수 있고 일을 한 공을 누군가와 나누지 않아도 되니까. 하지만 우리의 시간은 한정적이고 원래 하는 일 위에 새로운 일을 더 받으면서 무한정 하는 일을 늘릴 수는 없다. 그 끝에는 야근으로도 감당할 수 없는 업무더미밖에 남지 않을 것이다.

우리가 목표로 해야 하는 바람직한 성장은 시간이 가면서 필연적으로 예전에 하던 일을 어느 정도 놓아주고 새로운 종류의 일로 이동하는 전환의 모습이어야 한다는 생각이 든다. 다음 단계로 올라가고자 하는 나에게도 위임은 반드시 해결해야 하는 과제 중 하나다.

다행인 것은 사람들의 성장을 지켜보는 일이 내게 큰 보람으로 다가온다는 것일까. 처음 회사에 들어왔을 때 풋풋한 모습을 벗고 일 인분 그 이상을 척척 해내는 모습을 보면서 그들의 질문이 가끔 귀찮아도 성심성의껏 대답하길 잘했다고, 때로는 서로 열을 내며 논쟁하기를 참 잘했다는 생각이 든다. 그렇게 진심의 마음으로 부딪혀 가며 일한 동료는 시간이 지나 서로가 어디에 있든 연락을 주고받는 소중한 인생의 친구가 되었으니, 나를 가까운 조력자로 신뢰해 주었던 그들에게 늘 고맙다.

　예전에 누군가로부터 들었던 다른 사람의 성장이 내 성과가 됨을 비로소 이해했다면, 나 또한 현재의 상태에 만족하지 말고 다음 단계로 나아갈 시기가 되었다는 말인지도 모르겠다. 나는 계속 새로운 사람들을 알아 가며 일을 하게 될 것이다. 나는 앞으로 누구를 어떻게 도와주게 될까? 또 어떤 성장을 지켜보고 뿌듯함을 느끼게 될까?

　문득 이런 생각이 든다. 앞으로도 일하면서 누군가의 성장을 보람으로 느낄 수 있을 만큼의 다정함과 애정을 잃지 않았으면 좋겠다고. 또 동료들 사이의 이런 감정을 뺏어가지 않는 다정한 환경 속에서 계속 일하고 싶다고 말이다.

내가 아는 것을 뽐내고 자랑하기보다,
나와 함께 사람들이 성장할 수 있게 곁을 줄 것.
진심으로 칭찬해 주고 잘한 것을 잘했다고 말할 것.

chapter 3

불안과 무기력이

—

내 일을
무겁게 한다면

같은 여정의 동행자들을 찾아서

우리가 머리를 맞대면 생기는 일들

나는 형제들과 나이 차이가 많이 나서 외동처럼 자란 시간이 많다. 그리고 낯을 가리고 내향적인 성격 탓으로 어릴 때부터 혼자 있는 시간이 많았다. 학교를 다니면서 아무리 친한 친구들이 생겨도 시도 때도 없이 사람들과 어울리는 일은 나도 모르게 피했던 것 같다. 정기적으로 용돈을 받기 시작했을 때부터 영화관에 혼자 영화를 보러 다닐 정도였으니까, 꽤 어릴 때부터 주체적으로 혼자 있기를 자처했던 셈이다.

이런 성격을 아는 사람들 중에 내가 공부든 자기계발이든 뭐든지 혼자 할 것이라고 생각하는 사람들이 많다. 그러나 아무리 혼자 있기를 좋아하는 나라도 퇴근하고 시간을 내서 두꺼운 소프트웨어 서적을 끝까지 읽기가 쉬운 것은 아니다. 그러다 보면 혼자만의 고민 안에 갇힌 것 같은 기분이 들 때도 많다. 다른 사람들이 가지고 있는 고민이 궁금해지기도 하고 내가 하는 생각에 그들도 공감할 때가 있는지 물어보고 싶을 때도 있다.

내향인의 북클럽에 어서오세요

한국에서 다녔던 첫 회사에서는 책을 같이 읽는 소규모의 북클럽이 흔했다. 막 입사했을 때는 신입 사원이 알아야 하는 기본기에 대한 책 여러 권을 쌓아 놓고 하루 종일 그 책을 읽는 것이 업무의 전부일 때도 있었는데, 그때 같이 입사한 사람들과 대학교 과제를 하듯 만나 서로의 진도를 점검하곤 했다. 나중에는 같이 일하는 사람들 중에 몇 명을 모아서 팀에서 이미 쓰고 있거나 앞으로 투자할 계획에 있는 기술에 대한 책을 읽는 일이 많아졌다.

처음에는 누군가가 운영하는 모임에 참여하다가 차츰 내가 직접 사람들을 모으는 방식으로 바꿔 갔다. 회사 동료들, 학교 동기들, 심지어 모르는 사람들까지 모아 그들에게 도움을 받아 가며 피가 되고 살이 된 많은 책들을 하나씩 정복해 나갔다. 특히 스웨덴으로 오기 전 마지막 세 개의 모임은 개발자로서 다음 5년을 보내는 데 중요한 역할을 해 주었다.

이렇게 같은 주제에 대해 이야기할 수 있는 사람들을 모으는 것은 필요를 느꼈던 지식 중 업무로 충족할 수 없는 것들을 채우는 나름대로의 전략이었다. 남들과의 약속을 꾸준함을 끌어올리는 도구로 사용하고, 나보다 똑똑한 사람들을 선생님으로 생각해 가며 누군가 나의 가려움을 해결해 주길 기다리기보다 같은 니즈가 있는 사람들을 찾아 다 함께 해결하기를 선택했던 것이다.

이런 모임을 직접 운영해 보면 알게 된다. 나와 같은 답답함을 가지고 나오는 사람 딱 한 명을 정기적으로 만나는 것만으로도 생각지도 못하게 많은 에너지를 얻을 수 있다는 것을. 지금 회사에서도 나의 현재 팀과 예전 팀 사람들을 모아 북클럽을 만들어서 여러 권의 책을 같이 읽었는데, 모든 책을 약속한 속도로 완독한 사람은 나와 다른 개발자 딱 두 명뿐이다. 그런 의미에서 이 모임 자체는 그다지 성공적이지 않다고 말할 수도 있을지도 모른다. 하지만 날씨가 좋은 주말에 밖에 나가는 대신 책 읽기를 우선순위에 둘 수 있었던 것은 오로지 같이 책을 읽고 있을 누군가의 얼굴이 떠올랐기 때문이고 그 개발자에게도 마찬가지였을 것이다. 나머지 사람들이 회의에 들어오지 않고 단둘밖에 없는 날에도 우리는 책을 바탕으로 생산적인 대화를 나누었다. 이것이 바로 낯가리는 성격을 무릅쓰고 자꾸 함께할 사람들을 찾는 이유이자 보람이며, 단 한 사람이라도 찾아 서로에게 도움이 될 수 있다면 나의 노력은 충분한 값어치를 한 것이라고 생각한다.

우리에겐
건설적인 대화가 필요하다

나의 다음 도전은 북클럽이라는 제한적인 정체성을 가진 모임에서 나아가 같은 일을 하는 사람들끼리 모여 생산적이고 건설적인 대화를 할 수 있는 자리를 마련하는 것이었다. 스웨덴에서 알게 된 디자이너 친구들이 말해 준 해외에서 일하는 여성 디자이너들의 온라인 커뮤니티에서 아이디어를 얻었는데, 해외에서 일하는 여성 개발자 모임은 어떤 비슷한 것도 들어 본 적이 없고 아무도 시도해 보지 않았을 것 같았다.

일에 대한 주제들 중에는 사람들이 서로 비슷한 환경

에 있는 것을 알되 개인적으로 모르는 사이일 때 더 솔직하게 말할 수 있는 것들이 많다. 서로 모르기 때문에 특정 사람이나 조직을 지칭하는 위험부담 없이 생각을 있는 그대로 말하고 들리는 그대로 받아들일 수 있기 때문이다. 이것이 커뮤니티가 있으면 좋겠다고 생각한 첫 번째 이유였다.

두 번째는 개인적으로 늘 느끼고 있던 여성들 사이의 건설적인 대화의 부재였다. 여성들 사이에서는 대화가 감정적 공감에서 그치고 욕심이 없는 사람처럼 스스로를 포장하는 것 같은 느낌을 받는다. 하지만 나는 포장 아래 숨겨진 개인들의 욕심과 노력, 성공이 그들의 가족 이야기만큼이나 궁금하다. 나는 좀 더 여성 동료들과 성공을 위한 현실적인 정보와 솔직한 피드백에 대해 이야기하고 싶었다.

운 좋게 이런 이야기를 나눌 수 있는 사람들을 몇 명 찾았지만 이건 어디까지나 나와 동료 한 명 사이의 개인적인 대화다. 나는 여성들 간의 건설적인 대화가 더 많은 사람들 사이에서 더 공개적으로 일어나길 바랐다. 그리고 이런 대화가 우리의 사회적 학습에 의한 것이라면 부술 수 있는 공간이 필요한 것 같다는 생각을 늘 했다.

이번에도 가려운 곳을 직접 긁기 위해 2019년 말에 스톡홀름에서 IT 회사에서 일하는 여성 모임을 만들었다. 이때 홍보할 곳이 마땅치 않아서 나와 친구들끼리의 해프닝으로 끝나지 않을까 하는 걱정을 했는데 놀랍게도 글을 보고 모임에 나와 주신 분들이 계셨고 거의 열 명을 모았던 것으로 기억한다. 생산적인 대화라는 구체적인 목표가 있었기 때문에 친목에 중심을 두는 대신 서로 하는 일에 대한 이야기, 책 교환 등의 주제를 시도했던 것이 개인적인 성과였다고 할 수 있다. 아쉽게도 이 모임은 팬데믹으로 흐지부지되었다.

그다음에는 나의 2022년 온라인 강연을 들어주신 분들을 한국 휴가 기간 중에 직접 만난 일이 있다. 강연 주제가 주니어 개발자 대상이었던 만큼 커리어를 막 시작하신 분들이 많았는데, 만나서 대화를 하다 보니 모두들 일하면서 생기는 고민을 공유할 만한 자리가 간절했다는 느낌을 받았다. 마치 내가 그러한 커뮤니티의 부재를 계속 느꼈던 것처럼. 미리 질문을 받았고 모임에서도 질문을 정말 많이 해 주셨는데, 하나같이 내가 연차가 별로 쌓이지 않았을 때 했던 고민들이라 쉽게 지나칠 수가 없었다.

모임이 끝나고 자리를 만들어 줘서 고맙다는 인사를

많이 받았는데 나는 사람들을 모으는 구심점이었을 뿐 사실상 그 감사는 모임에 왔던 다른 사람들에게 향했던 것이라고 생각한다. 그날 다 함께 느꼈던 위안과 용기는 오로지 공간을 함께 채웠던 사람들, 어디에선가 같은 고민을 하고 있을 사람들의 존재에 대한 확인으로부터 오는 것이었을 테니 말이다. 이것이 바로 여러 사람들이 모였을 때만 느낄 수 있는 에너지가 아닌가 한다.

다양한 자리에서 만났던 사람들을 떠올려 보니 좋은 분들을 많이 만날 수 있어서 운이 좋았다는 생각이 들었다. 용기를 내어 나의 여정의 이곳저곳에서 사람들과 함께하길 잘한 것 같다. 그분들은 이제 기억도 못할 사소한 도움들이 나를 생각보다 더 멀리 올 수 있게 만들어 주었다.

앞으로 내가 해야 할 일은 나와 같은 여정에 있는 더 많은 사람들을 만나 에너지를 주고받는 일일 것이다. 같이 책을 읽어 주는 스터디메이트, 혹은 사람들을 모아 주는 구심점, 때로는 고민을 들어주고 경험을 나누는 동료로 남고 싶다. 나로부터 사람들이 우리의 일을 즐겁게 할 수 있는 용기를 얻어 가고 그들이 주변의 다른 사람에게 그 경험을 퍼뜨릴 수 있기를. 앞으로 우리의 여정에 더 많은 동행자들을 만날 수 있기를 기대한다.

사람은 자신의 지식과 경험 안에서 상상하고 미래를 그린다. 나는 여성 시니어들이 그들의 후배들의 상상력의 크기를 넓혀 주는 존재라고 생각한다.

시니어 개발자로 남는 것이 여성에게도 선택 가능한 커리어 옵션 중 하나라는 것을 확실하게 알려 줌으로써 후배들의 미래에 또 하나의 다양성을 더해 주는 열린 결말의 존재들이다.

처음부터 잘하는 사람이 있을 리가

새로운 전문성을 쌓아 올리는 어려움에 대하여

해외에 살면서 좋은 점 중에 하나는 나와 다른 다양한 삶을 사는 사람들을 많이 알게 된다는 것이다. 한국에 있을 때 알고 지내던 사람들 대부분은 대학교나 회사를 통해 이어진 인연이었다. 같은 산업에서 일하기 때문에 같은 공감대를 공유하는 편안함은 좋았지만, 다르게 보면 나의 직업이라는 버블 안에서만 살고 있었던 셈이다.

스웨덴에서 만난 친구들 중에는 새로운 직업으로 전향하기 위해 다시 공부를 했거나 하는 중인 사람들이 꽤 있다. 전향을 목표로 스웨덴에 있는 학교로 유학을 왔거나, 아니면 다른 이유로 스웨덴에 왔는데 전에 하던 일이 아닌 다른 일을 찾고 있는 사람들이다. 그리고 그중에 두 명이나 나와 같은 개발자의 길을 걷고 있다. 그들과 이야기를 하다 보면 새로 공부하는 분야에 백그라운드가 없어서 걱정이 많은 것이 느껴진다. 처음에는 즐겁게 프로그래밍을 배우다가도 취업을 위한 경험을 쌓다 보면 나보다 잘하는 사람들이 눈에 들어오기 시작하기 때문이다. 뭐든지 처음 배운다면 누구나 거치는 과정이나 재취업을 준비하는 당사자에게는 빨리 현업에서 일할 정도의 실력을 갖추어야 한다는 부담감이 클 수밖에 없다. 전혀 다른 일을 하다가 컴퓨터 전공으로 공대 대학원에 들어간 한 친구의 경우에는 같이 수업을 듣는 사람들 중에 이미 일을 하고 있거나 과제를 손쉽게 해결하는 사람들이 너무 많아 스트레스를 받는 것 같았다. 나는 남들보다 단기간에 대학원까지 들어간 그가 대단하다고 생각한다. 하지만 이런 상황을 직접 감당하는 입장에서 마냥 스스로가 대견하다고 주문을 외우기가 매우 어렵겠지.

다양한 경험은
언젠가 다 쓸 날이 온다

새로 진입하는 분야의 베이스가 제로일지는 몰라도, 인생을 전체적으로 보면 진짜 제로베이스에서 시작하는 사람은 없다고 생각한다. 그동안 다양한 나이에 저마다 다른 배경을 가지고 개발자가 된 많은 사람들을 만났다. 그들이 일하는 모습을 지켜본 사람으로서 확실하게 말할 수 있다. 당신이 이전에 했던 일과 다양한 사회경험은 생각지도 못한 방식으로 도움이 된다.

만약 삼십 대에 다른 분야로 전향을 결심했다면 나이가 어리고 경험이 많은 사람들 사이에서 일을 시작하는 것이 쉽지 않을 것이다. 하지만 일단 이 단계를 잘 넘으면, 과거의 경험은 부족한 부분을 채울 수 있는 차별점이 되기도 한다.

전에 경제학을 전공한 개발자와 일한 적이 있는데, 그는 개발은 다른 사람들보다 느릴지 몰라도 시스템 상태를 통계적으로 분석하는 일을 정말 잘했다. 그를 통해 알았는데 경제학과 수업에서 수학을 정말 많이 사용한다고 한다. 그 때문인지 수치를 보고 시스템의 상태를 분석하는 부분에서만큼은 그가 다른 이공계 출신보다 뛰어났고, 그것이 그를 비슷비슷한 개발자들 사이에서 두드러지게 했다. 또는 미리 겪어 본 사회경험이 개발자 조직 안에서의 성장과 갈등 해결에 도움을 주기도 한다. 이마저도 없다고 생각해도, 당신은 익숙한 분야를 떠나 용기 있게 새로운 분

야에 도전한 사람이다. 이는 곧 힘든 상황을 견딜 수 있는
체력과 정신력을 가졌다는 뜻이다.

부족함이 우리를
멈춰 세우는 순간

커리어에 깊이를 더하면서 누구나 언젠가 한 번은 경
험 부족으로 실패한다. 높은 난이도의 업무를 만나 좌절하
기도 하고, 동료나 상사와의 갈등으로 상처를 입기도 하
고, 모든 계획을 미리 알 수 없을 때 상황에 맞춰 유연하
게 움직이지 못하기도 한다. 일부는 타고난 기질로 극복하
기도 하지만 모든 상황을 아우를 수 있는 성격을 타고나
는 사람은 세상에 없다.

언젠가는 부족함이 우리를 멈춰 세우는 순간이 온다.
실제로 어리고 똑똑한 동료들 중에 갈등이나 불확실한 상
황을 못 견디고 뛰쳐나가는 사람들을 종종 보았다. 반대로
기술에 대한 깊이는 조금 부족해도 협업 능력이 뛰어나
좋은 평가를 받는 사람들 또한 있다. 나의 경우 컴퓨터공
학을 전공하고 바로 취업을 하는 등 개발자로서 좋은 배
경을 쌓았을지도 모른다. 하지만 소셜라이징에 소극적이

라 다른 사람들의 도움이 필요한 순간에 도움을 줄 수 있는 사람이 없는 상황이 있었다. 너무 당연한 이야기지만 일만 잘한다고 승승장구하는 것은 아닌 것 같다. 실력은 필요 조건 중에 하나일 뿐 일을 잘하려면 셀 수 없이 많은 다양한 경험이 필요하다.

제로에서 시작하는 사람들에게 누구나 다 할 수 있다고 무작정 희망을 주는 것은 눈 가리고 아웅인 것 같다. 현실은 쉽지 않다. 다만 내가 이야기할 수 있는 것은 넓게 보면 정말 제로에서 시작하는 사람은 아무도 없다는 것이다. 과거의 경험을 잘 뒤져 보면 의외의 연결 고리를 찾을 수 있고, 전혀 상관없는 것 같은 시간들이 무섭고 흔들리는 현실에서 굳건히 중심을 잡을 수 있게 받쳐 준다는 것이다. 오로지 자신만이 현재와 과거를 연결할 수 있다. 그러니 계속 자신 안에 있는 좋은 점들을 발굴하면서 창의적으로 앞으로 나아가야 한다는 것이다.

우리는 모두 각자의 길에서
힘겨운 싸움을 하고 있다

내가 다니는 회사의 엔지니어링 VP 중 한 분이 독학으로 개발을 시작했다는 것을 불과 얼마 전에 알았다. 원래 전공은 순수 과학 중 하나고 랩에서 일한 적도 있다는데 지금은 모든 개발자들이 대단하다고 생각하는 위치의 엔지니어라니. 나보다 경력이 훨씬 많으신데도 놀랍게도 아직 스스로 컴퓨터공학 배경지식이 부족하다고 느낀다고 하셨다. 하지만 랩에서 데이터를 보던 경험을 그대로 가져와 자기만의 강점으로 사용하시는 것 같았다. 그분의 이야기를 들으면서 제로베이스에서 시작해서 자기만의 전략으로 커리어를 한 단계씩 다진 창의적이면서 단단한 사람이라는 생각이 들었다.

앞의 VP와 나의 친구들처럼 제로에서 시작할 용기 있는 결심을 한 사람들을 진심으로 존경한다. 하나의 길을 무너뜨리고 새로 구축하기 위한 결정과 노력이 나의 삶을 돌아보게 한다. 제로에서 시작하는 사람들의 용기에 박수를 보내며, 그들에 비하면 나는 지나치게 안전지대 안에서만 살았던 것 같아 부끄럽다.

내가 대학에 입학할 때에는 코딩에 대한 접근성이 요즘처럼 좋지 않았다. 그럼에도 컴퓨터공학과에는 어렸을 때부터 혼자 프로그래밍을 독학한 사람들이 가끔 보였는데, 확실히 수업도 금방 따라가고 과제도 잘했다. 그런 친구들과 학교에서 또 사회에서 경쟁을 한다면 나는 당연히 늘 뒤로 밀릴 것이라고 생각했던 것 같다.

　지금 사회에 나와 있는 개발자들을 줄을 세운다면 아직도 그 사람들이 내 앞에 있을지도 모르겠다. 그래도 나는 어떻게든 만들어 온 지금의 내가 마음에 든다. 누가 나보다 앞에 있는지는 상관없다. 우리는 모두 줄에서 벗어나 독자적인 길을 구축하고 무너뜨리기를 반복하며 고유한 삶을 산다. 나와 내 친구들처럼.

새로 진입하는 분야의 베이스가 제로일지는 몰라도, 인
생을 전체적으로 보면 진짜 제로베이스에서 시작하는
사람은 없다고 생각한다.

일하는 사람의 공부법
모든 것이 다 똑같이 중요하지는 않다

개발자로 일하고 있다고 말하면 소프트웨어 엔지니어링에 대해 전혀 몰라도 '계속 공부해야 하는 직업 아닌가요?'라고 되묻는 사람들이 있을 정도로, 개발자는 정말 계속 공부해야 하는 직업이 맞다. 계속 발전하는 기술을 이해해서 비즈니스에 알맞게 접목시키는 것이 이 직업의 중요한 역할 중 하나이기 때문이다.

꼭 개발자가 아니더라도 빠르게 변하는 사회에서 경쟁력을 갖추기 위해 끊임없이 공부하려는 태도는 이제 기본값이 된 것 같다. 이력서를 쓸 때 새로운 분야를 배우는 데에 흥미가 없다고 적는 사람은 아마 없을 것이다. 몇 년 전부터 퇴근 후에 바로 집으로 가는 것이 아니라 스터디 카페로 향해 공부를 하는 직장인들이 늘고 있다는 이야기도 들었다.

나 혼자 뒤처질까
걱정하는 심리에 대하여

여기에는 세상에 배울 것이 너무 많다는 문제 아닌 문제가 있다. 빠른 흐름은 분명 우리 시대의 흥미로운 점이지만 무한대로 쏟아지는 정보는 우리를 혼란스럽게 한다. 무엇보다 중요한 변화를 놓치는 것 같은 느낌에 반복적으로 시달려야 한다는 점이 우리를 괴롭게 한다.

우리에게는 세상에 쏟아지는 모든 정보를 따라갈 절대적인 시간이 부족하므로 선택과 집중을 할 수밖에 없다. 하지만 더 많은 정보에 둘러싸일수록 선택은 점점 더 어려워질 뿐이다. 어떤 분야가 앞으로 유망할지, 어떤 공부를 해야 할지 쏟아지는 정보 속에서 정확히 예측할 수 있는 방법은 거의 없다고 본다.

정보가 생산되는 속도를 따라가지 못하는 이유를 자신의 부족함 탓으로 돌리고, 마냥 더 열심히 해야 한다고 우리 자신을 채찍질하고 있지 않나. 기술의 변화 속도는 끊임없는 성장을 독려하는 요즘의 세태와 맞물려 우리를 몰아가고 있다. 어제보다 오늘 더 나아진 모습을 증명해야 한다는 생각, 잠깐이라도 멈추면 다른 사람들보다 뒤처질지 모른다는 생각은 곧 내가 부족하다는 판단으로 이어지기 쉽고, 제대로 성장하지 않고 있다는 두려움으로 확장된다.

빠르게 변하는 트렌드로부터 느끼는 어려움은 누구나 한 번쯤 경험하게 된다. 특히 막 어떤 분야에 진입한 사람들이 느끼는 막막함이 큰 것 같은데, 초기에 무조건 한 번은 겪고 넘어야 하는 단계라고 생각한다. 어차피 일을 하는 동안 계속 쏟아지는 정보와 변하는 트렌드 속에서 살게 된다. 그러므로 이 감정을 다루는 자기만의 철학을 가지는 것이 중요한 것 같다.

쉽게 나이 들지 않는
원리에 집중하기

나의 공부에 대한 전략은 '원리와 도구를 구분하기'다. 10년 전에 습득했던 내용 중에 지금까지 유효한 것은 어떤 종류일까. 바로 원리다. 내가 사용하는 도구는 그 사이 전부 달라졌다. 하지만 소프트웨어의 원리, 문제를 해결하는 아이디어 같은 생각들은 어느 정도 반복이 된다. 대부분의 경우, 기술의 발전은 획기적인 변화보다 문제 해결을 위해 우리가 사용할 수 있는 도구가 다양해지는 것을 뜻한다. 서로 다른 도구들은 하나의 기술적 문제를 더 편하게 혹은 조금 다른 방식으로 해결하기 위해 계속 업그레이드된다. 반면 본질적인 아이디어는 시간이 지나도 유효하다. 기술이 문제를 해결하는 원리나 베스트 프랙티스 등 디테일을 뛰어넘은 고차원적인 원리들은 쉽게 나이 들지 않는다. 아무리 사람들이 열광하는 최신 도구라도 도구에만 집중하기보다 그 도구가 해결하려는 기술적 문제와 아이디어를 이해하는 것이 중요하다.

나는 이러한 방법이 사람들이 고전 문학을 읽는 이유와 비슷하다고 생각한다. 기술서 중에도 고전이라고 일컬어지는 책들이 있다. 세상에 나온 지 40년도 되지 않아 고전 문학에 비하여 훨씬 어린 편이지만 그사이 기술의 발전을 생각하면 아직도 회자되는 것이 놀라울 정도다. 고전 문학이 녹슬지 않는 세상의 진리와 인간의 고뇌를 표현한다면, 기술의 세계에도 역시 쉽게 녹슬지 않는 지식이 있다. 같은 시간을 투자한다면 당장 내년이면 의미가 없어지는 것 대신 계속 반복되고 유효한 내용을 기억하는 것이 더 좋지 않을까.

공부하는 데에 있어 사람마다 다른 어려움이 있을 것이다. 의외로 나의 문제는 커다란 화면으로 장문을 읽기였다. 무언가를 배울 때 어쩔 수 없이 많은 글을 읽어야 한다. 그런데 개발자라는 직업이 무색하게 가만히 앉아서 화면으로 몇 페이지에 달하는 글을 끝까지 읽을 수가 없었다. 서서 읽고 소리 내서 읽고, 인터넷상의 매뉴얼을 읽기 위해 정말 많은 시도를 해 봤다. 가장 효과가 좋은 방법은 역시 출력이었는데 버려지는 종이가 아까워 이제는 거의 하지 않는다. 요즘에는 작은 인형을 만지면서 읽거나 요가매트 위에 노트북을 놓고 가부좌를 틀고 앉아서 읽기도 한다.

또 하나는 완벽한 암기에 대한 고민이었다. 예전에는 세세한 내용을 전부 기억할 정도로 통달해야 한다는 압박감에 시달렸다. 모든 내용을 암기하고 막힘없이 일하는 사람들이 멋있어 보였다. 하지만 점점 완벽한 암기에 대한 집착은 버렸다. 업무에서 쓰는 도구가 지나치게 많고, 시간이 가면서 빠르게 대체되는 도구들의 매뉴얼을 전부 외우는 것이 낭비처럼 느껴졌다. 대신 자주 쓰거나 중요한 도구 몇 개만을 정해서 암기하는 훈련은 꾸준하게 한다.

어릴 때 영어 단어를 외우듯 포스트잇으로 눈이 잘 가는 곳에 외울 때까지 붙여 놓는다. 검색에 의존하지 않기 위한 나름대로의 노력이라고나 할까.

내 분야의 전문가가 되려고 한다면

그러나 당연히 일을 하려면 도구를 배워야 한다. 그것도 아주 많은 종류의 도구를. 도구를 배울 때 나는 첫 번째로 앞서 말했던 도구에 담긴 원리를 이해하려고 하고, 두 번째로 '공부하는 법을 공부한다'는 생각을 한다. 어떻게 하면 현업에 필요한 수준까지 빨리 도달할 수 있는지 고민한다.

당장 눈앞에 보이는 정보가 너무 많다고 해서 무작정 뒤쫓는 기분으로 따라잡을 필요는 없다. 성장을 해야 한다는 강박에서 비롯된 공부를 위한 공부는 덫 안으로 우리를 밀어 넣을 뿐이다. 잘하는 것과 열심히 하는 것이 다르다는 말처럼, 뒤처지는 기분을 잠재우려고 잡히는 대로 한다면 너무 금방 한계에 부딪힌다. 최단 기간에 가장 빠른 방법으로 새로운 기술들을 익히고 있는 사람이라 해도 이러한 기분에서 벗어날 수는 없다. 우리를 둘러싼 환경 때문이다. 최신 기술과 변하지 않는 원리 그 중간에서 중심을 잡으면서 시간이 가도 가치가 사라지지 않는 주제에 더 공을 들일 수 있다면 좋겠다. 금방 사라지지 않고 반복되는 원리와 생각들에 눈길을 주면서 처음 듣는 이름의 기술이라도 금방 원리를 꿰뚫어 볼 수 있는 통찰력 있는 사람이 되어 보자.

전문가가 되려고 한다면 도구 몇 개가 우리의 능력을 정의해서는 안 된다고 생각한다. 처음 시작하는 사람에게는 다룰 수 있는 도구가 그의 전부처럼 느껴질지도 모른다. 하지만 앞으로 여태 배운 것보다 더 많은 도구를 사용하게 될 것이므로, 스스로를 제한하기보다 어떤 도구라도 배울 수 있는 사람이 되겠다는 마음가짐이 더 현명하다. 도구는 우리의 아이디어를 실현시키는 수십 가지 옵션 중 하나이며 빠른 속도로 대체되는 것들이다. 그러니까 도구를 배울 때는 도구 자체의 디테일보다 시간이 지나도 쉽게 녹슬지 않는 부분이 무엇인지 생각해 보자. 그것이 구현하는 원리에 초점을 두고 공부하기를 연습하는 마음가짐으로 다가가자.

최신 기술과 변하지 않는 원리 그 중간에서 중심을 잡으면서 시간이 가도 가치가 사라지지 않는 주제에 더 공을 들일 수 있다면 좋겠다.

문제 해결 대 문제 회피

나에게 가장 어울리는 모습으로 나아갈 것

스웨덴은 병가를 쓰는 문화가 아주 후해서 매니저에게 몸이 안 좋다고 연락을 남기면 대부분 더 이상 질문 없이 바로 허락을 받을 수 있다. 예전에 같이 일했던 사람들 중에 딱 봐도 병가를 남용하는 사람이 있었다. 일을 하다 보면 의견 차이로 갈등이 생기고 그 때문에 누군가와 잠깐 서먹해지기도 한다. 다른 사람들과 함께 일하다 보니 자연스러운 현상인데도 그는 이런 사건이 생기면 다음날 무조건 병가를 냈다.

관대한 병가 문화에 익숙하지 않았을 때는 그저 컨디션이 많이 예민한 사람이라고 생각했다. 그러다 병가를 내는 패턴이 너무 확실해서 모르고 넘어갈 수 없는 수준이 되었는데, 알고 보니 나 말고 다른 사람들은 이미 그가 갈

등을 병가로 회피하는 사람이라는 것을 알고 있었다. 그래도 내가 알기로는 아무도 그에게 뭐라고 하지 않았다. 물증이 없기도 했지만, 그 정도로 상황을 피하고 싶은 심정을 다들 안타까워했기 때문이다. 회사를 다녀 본 사람이라면 이해하지 않을 수 없으니까.

좌절과 회피 사이에서 헤매는 순간에 기억해야 할 것

일을 하다 보면 문제를 회피하고 싶은 순간이 정말 많다. 긴급한 상황에서 이유를 알 수 없는 버그가 생겼을 때 도망가고 싶었던 때가 많았고, 갈등이 있었던 동료와 다음 날 마주치지 않기 위해 일부러 피해 다닌 적도 있다. 회사원이니만큼 몸 담은 조직이나 업무가 불만족스러운 경우 때로는 홧김에 퇴사하고 싶다는 충동이 들 때도 있다.

문제가 생겼을 때는 세 가지 정도의 선택지가 있다. 첫 번째, 회피한다. 두 번째, 해결하려고 해 본다. 마지막으로, 그냥 두고 본다. 종류에 따라 꼭 해결해야 하는 문제도 있고 좀 더 두고 보는 것이 가능한 문제도 있다. 컴퓨터의 세계에서 프로그램의 버그는 회피하지 않으면 안 되는 문제다. 버그를 해결하지 않고서는 프로그램이 정상적으로 작동할 수 없기 때문이다. 하지만 현실세계에서 문제는 훨씬 복잡하다. 현실 세계에서는 버그를 해결하지 않아도 어찌저찌 일이 굴러간다. 해결하고 싶지만 당장 알맞은 도구나 힘이 없을 수도 있다. 예를 들어 조직에 불만이 있다면 보통 더 높은 위치에 있는 사람이 해결해 줘야 한다. 하고 싶은 업무를 하지 못할 때는 업무를 조정할 힘이 있는 사람의 도움이 필요하다. 나보다 훨씬 높은 직급의 사람과 갈등을 겪는 경우에 우리가 할 수 있는 일은 솔직히 많지 않다. 안타깝게도 현실에서는 스스로의 힘으로 해결할 수 없는 문제들이 너무 많고, 그래서 우리는 좌절하며 회피하거나 포기하곤 한다.

그래도 나는 포기를 하기 전에 한두 번은 문제에 부딪쳐 보는 것이 낫다고 생각하는 편이다. 끝끝내 포기를 하더라도 뭐라도 해 보고 포기하는 것이 낫다. 할 수 있는 일이 아무것도 없다면 적어도 문제에 시간을 주는 것도 괜찮은 것 같다. 직면한 상황이 너무너무 유해해서 몸과 마음을 바닥까지 갉아먹는 것이 아니라면 말이다.

그럼에도 불구하고
정면돌파를 해야 하는 이유

우리 부서에 널리 사용되지만 아무도 제대로 유지보수하지 않는 개발자 도구가 하나 있다. 그 도구에 추가된다면 유용한 기능이 있었는데, 고치려면 대규모 공사가 필요해서 무시하고 넘어가는 분위기였다. 하지만 내 생각엔 그 기능이 우리 팀에 정말 필요했다. 그래서 매니저들에게 여러 번 어필을 하고 주변의 개발자들에게도 조언을 구했다. 그러다가 내가 이야기를 했던 여러 사람들의 도움으로 극적으로 이 일을 할 수 있는 사람들을 찾았고, 오랜 시간 업데이트가 없던 도구에 기능을 추가할 수 있었다.

개발자라는 나의 직업은 문제 해결이라는 콘셉트를 밑바탕에 두고 있다. 회사가 해결하고 싶은 문제, 기술적 어려움, 프로그래밍 버그, 모두 종류는 다르지만 문제라는 범주에 들어가는 일들이다. 그러니 프로페셔널하게 문제를 해결하고 돈을 받는 사람이 눈앞에 닥친 문제를 너무 쉽게 포기한다는 것은 개발자로서의 직업 윤리(?)에 벗어난 것은 아닐까. 눈에 보이는 문제에 매달릴 에너지도 없다면 더 크고 추상적인 차원의 문제는 어떻게 해결할 수 있단 말인가.

이런 걸 보면 나는 확실히 문제를 회피하기보다는 해결하려는 부류의 사람이다. 하고 싶은 일이 주어지지 않을 때는 일을 달라고 부탁을 한다. 누군가 피해를 준다면 직접 피드백을 남긴다. 경험이 쌓일수록 문제에 전략적으로 때로는 간접적으로 접근하는 방법을 배웠지만, 여전히 문제를 정면돌파하려는 성향이 강한 것 같다.

커리어에 대한 고민 중에 원하는 업무를 할 수 없는 환경 때문에 퇴사하고 공부를 한 다음 이직을 하는 게 어떨지 묻는 질문이 많다. 나라면 현재 상황을 최대한 바꿔 보려고 할 것 같다. 주변에 나를 도와줄 수 있는 사람들을 찾아 열심히 이야기를 해 보고, 그래도 희망이 없을 때 회사를 다니면서 이직 준비를 병행할 것 같다. 역시 회피성 퇴사보다 해결을 우선순위에 두고 그다음 플랜 비를 공략하는 전략이다.

뻔한 말 같지만 시간이 저절로 해결해 주기도 한다. 주변에도 일하는 환경에 만족하지 못하다가 시간이 지나면서 상황이 나아진 친구들이 많다. 문제의 주범이던 사람이 회사를 나간다거나 생각지도 못하게 하고 싶었던 업무를 하게 되는 등, 세상은 한없이 잔인한 것 같다가도 갑자기

기다림에 보답하듯 선물을 주고 간다. 이처럼 문제에 맞서 싸우는 것이 어렵다면 문제에 맞서 '버티는' 것도 정면돌파의 방법 중 하나가 될 수도 있다고 이야기해 주고 싶다.

상처받더라도
끈기를 잃지 말자

나 역시 열심히 들이받았다가 괜히 불필요한 상처만 받는 때도 많았다. 몇백 명이 일하는 조직에서 나 혼자 변화를 만들고 원하는 것을 얻기란 정말 계란으로 바위 치는 기분이 들곤 한다. 그래서 문제를 포기하겠다고 결정할 수 있는 결단력도 대단한 능력인 것 같다.

스웨덴에서 대기업에 속하는 한 IT 회사가 우리 회사의 사람들을 스카우트한 뒤 금방 승진을 시켜 줬다는 이야기가 주변 사람들 사이에서 종종 회자된다. 그래서 승진을 하고 싶지만 기회를 얻지 못해서 불만이 많았던 사람들이 이직을 해서 만족하며 다닌다고들 한다. 이 이야기처럼 꼭 문제 상황에 미련하게 붙잡혀 있을 필요는 없다.

어떤 직업을 가졌는가와 상관없이 처음에는 누군가 시키는 문제를 풀다가, 스스로 문제를 발견하는 방향으로, 다루는 문제의 종류가 점점 다양해지는 방향으로 성장한다.

시키는 일만 하는 것이 싫다면, 정말 어려운 문제를 해결하고 싶다면, 문제들을 찾아낼 수 있는 안목과 끈기 있게 해결하려는 의지가 필요하다. 그리고 그런 의지는 우리가 일상에서 직면하는 문제를 해결해 보려는 태도를 통해 쌓인다고 생각한다.

당장 아무 일도 일어나지 않더라도 한 번, 두 번 벽을 두드려 보는 것, 너무 쉽게 회피하기보다 적어도 누군가와 문제에 대한 건설적인 대화를 해 보려는 시도. 결국 우리의 성장에 필요한 것은 문제에 매달리는 끈기이며, 이건 오로지 매달리려는 노력을 할 때에만 기를 수 있다.

답이라는 것은 고민만 하다가 오는 것이 아니니까
계속 답을 찾아서 움직여야 한다.
누군가는 쓸데없다고 생각하지만 적어도 나한테는
그렇다.

망한 멘토링

회사원도 선생님이 갖고 싶다

여태까지 해 본 멘토링 중에 그다지 좋은 기억이 없다. 멘토를 찾으려고 사내 멘토링을 여러 번 시도해 봤지만 내가 생각한 이상적인 멘토를 안타깝게도 만나 본 적이 없다. 아무리 한 멘토와 오랜 관계를 유지하고 그가 나를 잘 안다고 해도, 모든 나의 멘토링은 항상 일방적인 털어놓기와 틀에 박힌 대답이 반복되며 내가 원하는 어떤 것도 얻지 못하는 결말로 끝났다.

이 주에 한 번씩 만나는 지금의 멘토는 회사의 리더십 프로그램을 통해 알게 되었다. 그는 좋은 사람이고 성과가 좋은 직원이지만 내 이야기를 끝까지 들어주기에는 너무 바빠 보인다.

우리의 멘토링이
망할 수밖에 없는 이유

그럼에도 계속 멘토링을 시도하는 이유는 경험이 많은 사람들의 아이디어를 듣고 싶기 때문이다. 하지만 이제는 이런 조언을 찾기 위해 멘토링을 하는 것이 애초에 잘못된 것 같다는 생각이 든다.

보통 멘토링은 적당한 익명성을 보장하고 다른 환경에 있는 사람들을 이어 준다는 취지에서 멀리 떨어져 있는 조직에 있는 사람과 하게 된다. 그런데 서로 모르는 상태에서 의미 있는 조언을 주는 것이 사실 굉장히 어렵다. 한 사람이 평소에 생활하는 모습이나 문제가 된 상황을 직접 본 적도 없는데 전해 들은 이야기만으로 딱 맞는 솔루션을 제시해 준다는 것은 신내림을 받지 않고서는 불가능하지 않을까.

한 회사에 똑똑한 사람들이 이렇게 많은데 나의 선생님 한 명 찾을 수 없다는 사실이 말이 안 된다고 생각할 때도 있었다. 나를 매일 보는 가까운 동료들이라면 이래라저래라 해 줄 수 있을지도 모른다는 희망을 품기도 했다. 하지만 가깝게 일하는 사람들은 서로를 너무 잘 알고 한

편으로 경쟁자라는 또 다른 문제가 있다. 그래서 가장 많은 시간을 보내는 관계이면서도 오히려 더 말을 조심하게 되고 생각을 적당히 숨기게 된다. 내 직장 생활을 '직관'하는 사람들 중에 도움이 되는 입바른 말을 해 줄 의향이 있는 사람은 그리 많지 않다.

유럽 한 도시의 작은 오피스에서 일하는 A로부터 들은 이야기다. 그 오피스에 출근하는 사람들은 서로 다른 팀에서 원격으로 일하기 때문에 서로 무슨 일을 하는지도 잘 모르고 사람들 사이에 경쟁의식도 없다고 한다. 마치 대학교 동아리 같은 분위기라는 것이다. 반대로 내가 있는 본사에는 같은 조직 사람들끼리 모여 일을 하고 매일 다 같이 커피도 마시고 점심을 먹는다. A가 처음 본사에 와서 여기 사람들과 점심을 먹었는데, 사람들 사이에 은근히 느껴지는 긴장감에 숨이 막히는 것 같았다고 한다. 겉으로는 친한 사이 같지만 일 이야기를 할 때 견제와 부러움의 눈빛이 느껴졌다나. 매일 이런 환경 속에 있으면 잘 모르지만 어쩔 수 없이 티가 나긴 하나보다.

산다는 것이 원래 그런 것 같긴 해도, 일을 하며 만나는 사람들 사이의 경쟁으로 만들어진 간격이 우리를 외롭게 할 때가 있다. 한 팀에 있는 사람들은 빛날 차례를 기다리는 별들이다. 그래서 오로지 자신이 빛날 순서를 앞당기는 용도로만 다른 별에게 최소의 도움을 나눠 준다. 누군가에게 도움을 받으려면 우선 내가 도움이 되어야 하는 경쟁 사회의 규칙이다.

선생님을
구합니다

요가 선생님들 중에는 구루(Guru)라고 불리는 선생님들이 계신다. 구루는 멘토 혹은 마스터라는 뜻인데 아주 오랫동안 요가를 가르치고 많은 제자들을 배출한 요가 선생님들의 선생님이라고 할 수 있다. 요가 선생님들 중에 정기적으로 시간을 내서 자신들의 선생님을 만나러 가는 분들이 계신다. 그들은 선생님을 만날 때만은 다시 학생으로 돌아갈 수 있다며, 의지하고 배울 수 있어서 감사하다고 말한다. 내가 아는 요가 선생님 중 한 분은 그의 선생님을 만나기 위해 인도에 총 열다섯 번 가셨다고 한다. 이런 요가 선생님들과 선생님들의 선생님의 이야기를 들을 때마다 본업으로 하는 일에서 선생님을 찾을 수 있어서 부럽다는 생각이 든다.

선생님을 만나는 것은 더 깊은 가르침을 받기 위해서, 혼자 찾기 힘든 문제의 답을 찾기 위해서가 아닌가. 그런 의미에서 나도 선생님이 갖고 싶다. 요가 선생님이 자신의 선생님 앞에서 학생으로 돌아가듯, 나도 학생 개발자로 돌아가서 어려우면 '어떻게 할까요?'라고 물어보고 '이렇게 해 봐라, 저렇게 해 봐라'라는 조언을 받고 싶다. 수많은 사람들과 같이 일하면서도 혼자 길을 헤매는 기분이 들 때가 있고, 10년을 다녔어도 회사는 아직 내가 적응하지 못한 경쟁의 정글처럼 느껴지니 말이다.

회사를 다니면서도 일시적인 코치가 아니라 나를 장기적으로 지켜보고 평가해 줄 수 있는 사람, 인터넷에서 사진으로만 만날 수 있는 유명 '구루' 개발자가 아니라 현실에서 만날 수 있는 실제 인물이자 어려운 문제에 대한 해결책을 진심으로 고민해 주는 사람을 만날 수는 없는걸까?

내면의 선생님이 알려 주는 것들

인도에 열 번 넘게 갔다는 요가 선생님에 의하면 세상

에는 세 가지의 선생님이 있다고 한다. 첫 번째는 말 그대로 선생님, 두 번째는 배우는 과정 자체, 마지막으로 세 번째는 내면의 선생님이다.

독학으로 개발자가 된 사람들을 '독학한'이라는 뜻의 'self-taught'이라는 단어를 써서 영어로 Self-taught Engineer라고 한다. 이 말은 보통 정규교육 없이 엔지니어링을 배운 사람들을 부르는 말이지만 장기적으로는 모두가 전부 self-taught 전문가의 길을 가게 된다고 생각한다. 교육은 개발자가 되는 가장 첫 번째 문만 열어주는 과정일 뿐, 일단 그 문을 넘으면 모든 사람들은 홀로서기를 해야 하기 때문이다. 혼자 고민하고 혼자 결정하고 혼자 책임을 지는 법을 알아야 한다.

홀로서기는 우리가 있는 환경을 과정 그 자체로의 두 번째 선생님으로 생각하고 세 번째 내면의 선생님의 이야기를 들으면서 진행된다. 우리는 내면에서 떠오르는 직감과 고민, 과거의 경험을 선생님으로 삼아서 자기만의 길을 발견해 나간다. 멘토를 찾기 어려운 업무 환경에서 홀로 설 때는 물론이고, 독립적인 삶을 만들어 나갈 때도 마찬가지다.

세 가지 선생님에 대한 정의는 여러 가지 방향으로 해

석할 수 있지만 나는 주로 자립의 의미로 이해하는 편이다. 현실에서 나를 열심히 가르쳐 주고 도와주는 존재가 곁에 없어도, 주변을 관찰하는 노력과 자신에게 솔직할 준비가 되었다면 성장할 수 있다는 가능성이 있다고 말해 주는 것 같다.

나는 과연 홀로서기를 제대로 했을까. 내게 주어진 선생님들과 온전히 상호작용하며 self-taught 전문가가 되고 있는가. 막막하다는 생각이 들수록 당장 나를 도와줄 다른 사람을 찾기보다 시간을 두고 주변과 나 자신을 먼저 돌아봐야겠다. 요가 선생님들의 선생님들처럼 나를 바로잡아 줄 멘토를 찾는다는 희망을 붙잡고 늘어지기보다는 내 안의 선생님을 좀 더 믿어 보고 이 사람이 내게 하는 말을 주의 깊게 들어 봐야겠다. 비록 현실의 멘토링은 매번 망했지만 나도 모르는 사이에 이미 많은 질문의 답이 내 안에 쌓여 있을지도 모른다.

우리는 내면에서 떠오르는 직감과 고민, 과거의 경험을 선생님으로 삼아서 자기만의 길을 발견해 나간다. 멘토를 찾기 어려운 업무 환경에서 홀로 설 때는 물론이고, 독립적인 삶을 만들어 나갈 때도 마찬가지다.

요가를 좋아하는 나는 휴가로 한국에 갈 때마다 가까운 요가원에 가는데, 인천의 한 요가원에서 있었던 일을 지금까지도 잊을 수가 없다. 그 요가 선생님은 아주 차분해 보이는 분이셨다. 나는 평소에 하는 대로 요가를 하고 있었고 선생님은 한참 동안 내가 하는 것을 말없이 지켜보셨다. 그런데 어느 순간 선생님이 오셔서 특정 동작에서 내 몸이 왼쪽으로 휘는 것을 알고 있냐고 물으시는 것이었다. 그러고는 옳은 위치에 발이 오도록 자세를 교정해 주시면서 몸이 어디로 가는지 의식하고 있어야 한다며, 나쁜 습관이 오래가지 않게 신경 쓰라고 웃으면서 부드럽게 말해 주셨다.

그 시기에 나는 오랜 오른쪽 어깨 염증으로 고생을 하

고 있었고, 오른쪽 어깨가 아픈 뒤로 몸이 왼쪽으로 휘는 것을 느꼈지만 알면서도 고치려고 하지 않았다. 어깨가 아픈 것만으로도 이미 충분한 스트레스였기 때문에 그저 어깨가 나으면 저절로 정렬이 돌아올 것이라고 생각했다.

혼자만 알고 있다고 생각했던 잘못된 습관을 처음 보는 선생님으로부터 지적받는 것은 통증으로 느끼는 스트레스보다 충격의 강도가 달랐다. 사실 하루에 한두 번 하는 다른 동작이라면 몰라도 수십 번을 반복하는 동작이라면 차이를 알아차리지 못하는 것이 더 힘들 것이다. 하지만 나는 그것을 계속 무시했고, 통증을 계속 변명거리로 잡고 있었던 것이 정말 부끄러웠다.

누구에게나
숨기고 싶은 습관들이 있다

왼쪽으로 휘는 요가 동작처럼 혼자만 몰래 알고 싶은 안 좋은 습관들이 있다. 이런 습관은 스스로 발견하기도 하고 누군가의 피드백을 통해 깨닫기도 한다. 나는 회사에서 의견을 주장하다가도 누군가 다른 의견을 내면 너무 쉽게 내 생각을 포기하는 경향이 있는데 예전 매니저가 지적을 해 주기 전까지 전혀 의식해 본 적이 없었다.

안 좋은 습관을 알아차린 다음 생각해야 할 것은 어떤 태도로 사실을 받아들이고 대처하는지에 대한 문제일 것이다. 몸이 휘는 것을 알아차렸을 때 무시할 것인가, 아니면 그냥 지나치지 않고 고칠 방법을 생각해 볼 것인가.

우리가 완전하지 않다는 사실을 누군가의 지적과 명백한 사실을 통해 확인하는 것은 아무리 사소한 것일지라도 썩 기분이 좋지 않다. 누구나 세상에 내놓는 자신의 모습은 조금의 흠집도 없는 가장 완벽한 버전이길 바라기 때문이다. 하지만 완벽한 모습에 대한 희망과 다르게 나는 완벽하지 않고 심지어 더 나아지려는 노력을 게을리하며 사람들로부터 숨기기에 급급하기 때문에, 바람과 현실 사이에서 오는 충돌이 나를 괴롭히고 부끄럽게 한다.

하지만 내가 가지고 있는 이 많은 문제들에도 불구하고 불완전함을 솔직하게 마주하고 하나씩 해결하기 위해 노력하는 것이 완벽하지 않은 스스로를 대하는 가장 성숙한 태도라고 생각한다. 상투적인 말이지만, 우리는 완벽하지 않다. 누군가 자신을 완벽하다고 생각한다면 그 생각이 그를 완벽하지 않게 만들 정도로. 우리는 죽기 직전까지 노력해도 완전한 인간상에 닿기 힘들 것이다.

그러므로 아무리 노력해도 나쁜 습관이 잘 고쳐지지 않는다고 자책하거나 포기하지 말자. 옳다고 생각하는 방향으로 자신을 바꾸려는 노력은 안 좋은 습관을 피하지 않는 용기와 끝까지 물고 늘어지는 체력이 있다는 것을 확인시켜 준다. 무엇보다 중요한 건 우리의 가능성을 확인하는 것 자체라고 생각한다.

자신을 믿으면
성장은 절로 따라온다

한번 굳어진 몸의 습관처럼 일을 할 때에도 잘못 굳어진 습관들이 있다. 나의 경우 너무 쉽게 내 의견을 포기한다는 피드백을 고치기가 어려웠다. 우선 무의식적으로 하는 행동을 의식적으로 알아차리기까지 시간이 많이 걸렸고, 행동을 의식적으로 바꾸는 데에는 더 많은 시간이 필요했다.

굳이 이런 나의 태도를 고쳐야 하는지 의문이 드는 날도 많았다. 행동을 계속 돌아보고 고칠 점을 찾는 일이 상당한 피로감을 주다 보니, 아마 이러나저러나 크게 중요하지 않은 의견일 텐데 그런 말 한마디를 하는 태도까지 굳이 힘들게 교정할 필요가 있는지 이유를 찾기가 어려웠다.

하지만 이 습관을 장기간 신경 쓴 나중에야 매니저가
내게 준 피드백의 진짜 의미를 깨달았다. 쉽게 내 의견을
포기한다는 건 주제의 중요성에 상관없이 내가 기여할 수
있는 분량 중에 지나치게 많은 부분을 다른 사람들에게
양보한다는 의미였고, 또한 작은 의견을 밀고 나갈 줄 모
른다면 큰 의견을 밀어붙이는 것은 더욱 힘들다는 뜻이었
다. 매니저는 내가 항상 좋은 의견을 내놓는다고 믿어 주
고 내 말에 더 힘이 실리길 바란 것이었다. 그리고 시간이
지나 연말 평가 기간에 매니저가 이 피드백을 예로 들면
서 내가 사람들의 의견을 진심으로 듣고 실천하여 성장할

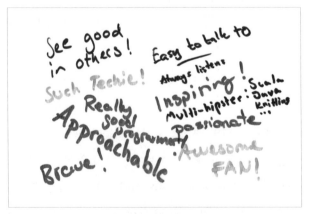

팀원들의 피드백

줄 아는 사람이라고 칭찬을 해 주었는데, 왠지 울컥한 기분에 눈물을 참느라 애를 썼던 기억이 있다.

사실 나는 올해도 쉽게 대화에서 물러서지 말라는 피드백을 들었다. 타고난 성격을 고치려면 몇 달이 아니라 몇 년에 걸친 노력이 필요한가 보다. 아직 똑같은 행동을 반복하는 내가 바보 같아 보이긴 해도 이것이 지금의 나라면 하는 수 없이 받아들일 수밖에. 하지만 괜찮다. 안 좋은 습관을 알고 있고, 누가 나를 지켜보든 말든 계속 노력할 것이고, 그래서 점점 나아질 것이라는 확신이 있으니까.

'나는 완벽하다'라는 생각에서 태어난 자존감은 세상에 나갔을 때 너무 쉽게 깨질 수 있다. 완벽이라는 상태는 정의할 수 없을 뿐만 아니라 내가 인정하는 완벽의 모습보다 더 완벽한 사람이 세상 어딘가에는 존재할 것이기 때문이다. 깨지기 쉬운 연약한 바탕에 자존감을 애써 쌓아올리지 말자. 성장 가능성 자체가 자존감의 바탕이 될 때 우리는 더 단단한 사람이 될 수 있다. 나의 부족한 점을 발견하더라도 자아를 존중하는 방식이 흔들리지 않으므로 외부의 평가라든가 남들과의 비교로부터 오는 자기 비하와 허무함으로부터 훨씬 안전하다.

완벽하지 않은 나의 모습을 진심으로 마주하는 데에는 보기보다 많은 용기가 필요할 것이다. 하지만 누군가 나의 못된 습관을 지적한다고 해서 우리의 고유함과 아름다움이 사라지지 않는다. 완벽하지 않기 때문에 우리는 계속 성장할 것이고 그것이 삶의 의미이니까. 오히려 그런 말을 성숙하게 받아들이는 것은 우리 안의 더 많은 가능성과 아름다움을 발견하는 과정인 것 같다. 그러니 애써 피하지 말고 정공법으로 대면하자.

깨지기 쉬운 연약한 바탕에 자존감을 애써 쌓아 올리지 말자. 성장 가능성 자체가 자존감의 바탕이 될 때 우리는 더 단단한 사람이 될 수 있다.

나를 바꾸는 주문: 매일 조금씩 천천히
하고 싶은 일이 단번에 이루어지지 않더라도

요가 수련을 하다 보면 일주일에도 몇 번씩 가장 못 하고 어려워하는 동작을 시도해야 하는 순간을 마주친다. 처음에는 엉성하게 시도하는 것에 만족하다가, 계속 반복하다 보면 가끔씩 그 동작이 되는 날들이 생기기 시작한다. 2주에 한 번 되다가 어느 순간 일주일에 한 번 할 수 있게 되고, 그렇게 되는 듯 잘되지 않는 지지부진한 시간이 지나면 어느샌가 절대 안 될 것 같았던 동작이 좋아진 것을 발견하게 된다.

여태껏 배운 많은 요가 동작들 중에서 '숩타쿠르마사나'는 혼자서 안정적으로 할 수 있게 되기까지 4년이 걸렸다. 이름대로 잠자는 거북이처럼 목 뒤로 두 다리를 교차해서 걸고 등 뒤로 깍지를 낀 다음, 바닥에 이마를 대고 앞으로 눕는 동작이다. 이 동작을 만들려면 엉덩이 관절과 어깨의 충분한 가동 범위가 필요한데 이 모두를 갖추기까지 얼마나 많은 날을 아침마다 숩타쿠르마사나를 실패했던가. 그 순간에는 마음대로 움직이지 않는 팔과 다리가 야속하지만 그렇게 실패하는 날을 하나씩 모아 놓고 보니 이제는 할 수 있는 날이 할 수 없는 날보다 훨씬 많아졌다.

어제보다
나아지고 있다는 기분

노력 없이 성공하고 운 좋게 원하는 것을 이루는 삶이 바로 나의 것이었다면 2년 동안 아침 일찍 일어나 이직 공부를 하고 인터뷰에서 몇 번씩 떨어지는 실패의 아픔이나 외국 사람들과 영어로 일하는 것이 힘들어 집에서 우는 일 따위 경험할 필요가 없었을 것이다. 한국에서 이직 준비를 할 때도 같이 인터뷰 준비를 하던 사람들 중에 두 명이 먼저 이직해서 스터디를 떠났고, 늘 주변에는 내가 힘들어하는 일을 숨을 쉬듯 자연스럽게 해내는 사람들이 많았다. 나보다 영어를 잘하고 머리가 좋은 누군가는 이직도, 영어로 일하는 것도, 새로운 회사에 적응하는 것도 수

월했을지도 모른다. 내가 저들과 같다면 사는 것이 얼마나 쉽고 재미있을까. 그러나 나름대로의 속도로 정진하는 것만이 내게 주어진 유일한 재능이라면 재능이므로, 좌절과 질투를 뒤로하고 그냥 당장 할 수 있는 만큼 계속할 수밖에 없는 것이다.

언어에 타고난 재능도 없지만 이제는 영어가 더 이상 나의 장애물이 아니라고 생각하게 된 것은 오로지 매일같이 어제보다 조금 나아지기 위해 애쓴 노력의 몇 년치가 모인 결과다. 스웨덴에 처음 왔을 때 영어로 스트레스를 받던 시기에는 영어 표현 하나, 영어로 일어나는 여러 종류의 커뮤니케이션(문서 쓰기, 리뷰, 피드백, 읽기, 회의, 발표, 스몰토크 등등) 하나하나가 숲타쿠르마사나인 것처럼 개별의 노력을 하곤 했다.

입 밖으로 절대 안 나오던 말 중에 'be supposed to do'라는 표현이 특히 기억나는데, 유독 써볼 만한 상황이 자주 오지 않았다. 대화를 마치고 뒤를 돌자마자 그 말을 쓸 수 있는 상황이었음을 한 박자 늦게 깨닫거나, 일부러 써 보려다가 앞뒤가 안 맞는 말을 내뱉곤 했다. 그렇게 발음하는 데에 1초도 안 걸리는 짧은 말과의 사투 끝에 나도 모르게 자연스럽게 "I was supposed to do"라고 말했던 날 기분이 얼마나 좋던지. 별것 아닌 수많은 영어 문장 중의 하나지만, 내가 달라지고 나아지고 있다는 기분만큼 나를 고양시키고 격려하는 것은 세상에 많지 않을 것이라고 생각한다.

돌아보면 인생 전부가 숨타쿠르마사나를 배우는 것과 같았다. 폭발적으로 타오르진 않지만 오래도록 뭉근하게 끓었다. 매일 조금씩 나의 관심사에 시간을 들이고 실패를 반복하면서 천천히 나아가다 보니 언젠가부터 전과 다른 내가 눈에 보이기 시작했다.

비관을 용감하게 대적하는 법

나는 삶이 획기적인 변화보다는 뭉근한 화롯불처럼 오랫동안 조금씩 정성을 들인 노력이 때가 되면 결실을 맺는 점진적인 성장의 연속이기를 바란다. 내가 스포티파이로 가는 것이 2년 동안 준비하며 수도 없이 시뮬레이션을 돌린 일이었던 것처럼, 물밑 작업을 천천히 지속하는 동시에 일상을 크게 해치지 않는, 계속 변화하지만 변화에 취약하지 않은 삶이었으면 좋겠다.

그것은 매일 조금씩의 노력을 모으는 것만이 많은 순간 우리가 할 수 있는 최선이기 때문이기도 하다. 당장 하는 일을 그만둘 수 없고 손에 쥐고 있는 일상을 완전히 놓아 버릴 수 없을 때, 하루에 비는 시간 30분, 일주일 중 저녁 시간 두세 번을 투자하여 그것이 삶에 천천히 침투하게 두는 것이다. 그렇게 하다 보면 삶에 새로 침투한 변화가 저절로 자기 자리를 찾아가면서 삶에 뭉근한 불기운이 생기는 기분이 들기 시작하는데, 그때가 바로 생각만 하던 바람이 현실로 차츰 나타나고 있다는 사인인 것 같다.

삶을 멀리 떨어져서 보면 그라데이션으로 색깔이 변하는 것과 비슷하다. 연하게 번지기 시작한 색이 점점 짙어지면서 미리 진행된 색과 합쳐져 새로운 색깔을 만들듯 인생에서 겪는 작고 큰 변화와 도전은 팔레트에 색깔을 더하게 되고, 새로운 색깔이 많아질수록 우리는 독특한 색과 다채로운 무늬를 지닌 사람이 된다.

'나와 약속한 계획을 얼마나 꾸준하게 지키고 있는가'라는 질문은 내게 항상 중요했고 늘 점검하는 것 중에 하나다. 왜냐하면 그 약속을 지킬 줄 아는 것은 아직 목표가 멀어 보여도 당장 할 수 있는 일은 어떤 것이라도 한다는 실천력이 있다는 뜻이고, 무엇인가 하고 있다는 감각은 스스로에 대한 믿음을 더 단단하게 만들기 때문이다.

인생은 많은 부분 운에 의해 좌지우지된다. 부정할 수 없는 사실이다. 재능과 가정환경부터 시작해서 주변 환경 모두 따지고 보면 전부 운이다. 어떤 노력을 한다 한들 마지막에 우리를 울고 웃게 하는 것은 결국 운일지도 모르겠다. 그렇다고 주어지지 않은 것과 선택되지 못함에서 오는 비관에 한없이 파묻히지 말자. 목표를 이루고 싶다, 더 잘하고 싶다는 욕심을 쉽게 내려놓지 말고 매일 할 수 있는 만큼 성실하게 해 나가자. 이런 실천만이 주어지지 않은 것과 선택되지 못함에서 오는 비관을 용감하게 대적할 수 있다. 바로 그 순간부터 진짜 내 인생, 운과 그 어떤 것에도 휘둘리지 않고 내가 원하는 대로 삶을 다듬을 수 있는 인생을 사는 것이 아닐까 한다. 의지와 노력으로 닦은 길에 운을 조력자로 대동하고, 잠깐 길을 잃어버려도 금세 돌아올 방향을 기억함으로써 말이다.

이미 굳어진 성격이나 습관을 완전히 갈아엎는 대공사가 아니어도, 사소한 것 하나에서라도 이전과 다른 나를 만들고 발견할 줄 아는 것은 자존감을 높이는 데에 엄청난 도움이 된다. 하루에 30분 시간을 투자하기로 했다면 꾸준하게 지키고 있는지, 이것을 몇 주 혹은 몇 달 동안 계속할 수 있는지 체크하며 자기 컨트롤이 가능해지면 꼭 자신을 극한의 제한적인 상황으로 몰아넣지 않아도 삶이 점진적으로 변하는 흐름을 타게 된다.

당장은 매일 들이는 짧은 시간이 아무것도 아닌 것 같겠지만, 장기간의 노력은 배신하지 않는다. 매일 무언가를 하고 있다면 그것은 언젠가는 꽤 대단한 모양이 되어 있을 것이다. 4년이 걸려 목 뒤로 다리를 걸 수 있게 되고, 매일 조금씩 영어를 신경 썼더니 외국 회사에서 언제 어디서든 쫄지 않게 되었던 것처럼. 미래의 어느 순간 배움에 게을러질 때, 세상이 어떻게 흘러가든 상관없이 우리만의 방식으로 천천히 가다 보면 생각보다 많은 일을 해낼 수 있다는 것을 기억하길 바란다. 그리고 다시 움직여 보는 거다. 스스로를 믿으면서.

하루하루가 안정적으로 흘러갈수록 작은 느낌을 지나
치기 쉬운 것 같다. 그냥 흘려보내면 안 된다. 너무 무
리하지 않는 정도로 적당히 늘 할 일을 만들면서 조금
씩이라도 앞으로 움직이자.

chapter 4

워라밸의
나라에서

—

배운 것들

스웨덴식 워라밸을 경험하는
한국인의 자세

오후 다섯 시면 사람들이 사라지는 회사

온사이트 인터뷰를 보기 위해 처음 스웨덴에 갔던 날이 기억난다. 지냈던 호텔 방에서 회사 안쪽이 보일 만큼 호텔과 회사 건물이 가까웠다. 나는 그 호텔에 묵는 동안 회사의 모습이 궁금해서 방 안에서 커튼을 치고 힐끔힐끔 쳐다보곤 했다.

하루는 외출했다가 오후 다섯 시쯤 호텔에 돌아왔는데 분명 아침에 출근을 했던 사람들이 전부 사라지고 회사 안이 어두컴컴한 것이다. 처음에는 내가 주말을 평일로 착각한 줄 알았다. 오후 다섯 시면 사람들이 사라지는 회사. 이게 내 스웨덴 회사에 대한 첫인상이었다.

　면접을 통과하고 회사에 직접 다녀 보니 저녁 늦게까지 야근을 하는 날이 손에 꼽을 정도였다. 온콜(On-call)이라고 해서 돌아가며 시스템을 24시간 모니터링하는 스케줄에 들어가 있을 때 장애가 나면 잠깐 일을 할까 말까다. 단지 업무가 많아서 남아서 일을 해야 하는 날은 나의 첫 3년 동안 열 번도 안 되는 것 같다. 나중에 다른 팀에서 일을 하면서는 갑작스럽게 다음날까지 데이터를 추출하거나 문서를 쓰는 일이 잦아졌지만, 이것도 우리나라에서 야근을 하던 강도에 비하면 정말 아무것도 아니다.

　나는 우리나라에서 회사 생활을 시작하면서 배운 직장인의 도리를 스웨덴에서도 지키고 있다. 그래서 내가 아는 평범의 기준을 훨씬 웃돌며 일보다 개인 사정을 우선시하는 사람들을 볼 때마다 저래도 되나 싶은 생각이 들 때가 많다.

　나의 예전 매니저 중 한 명은 제주도 같은 스웨덴 남쪽의 섬에 살았는데 스톡홀름에 오는 배를 타러 가야 한다고 꼭 업무 시간 중에, 한창 일할 시간인 오후 두세 시에 사라지곤 했다. 그리고 스톡홀름에 있는 동안에도 개인적인 일을 하느라 어느 날은 점심에 출근했다가 다음 날은 점심에 퇴근을 하는 등 출퇴근이 자유로웠다. 그와 같이 일하는 엔지니어들이 매니저를 만날 시간을 찾지 못할 정도로 일하는 시간이 뒤죽박죽이고, 오후 두 시에 퇴근하는 날에는 그의 부재로 미팅이 번번이 미뤄지곤 했다. 그 매니저처럼 회사를 다닐 배짱도 없지만 가까이에서 보면서 문화 충격을 여러 번 받았다.

스웨덴 회사에 다닌다고 해서 한국 사람이 갑자기 스웨덴 사람처럼 회사에 다닐 수는 없다. 오랜 시간 동안 만들어진 습관은 보기보다 완고하여 새로운 문화에도 불구하고 쉽게 변하지 않는다. 내 경우에는 그렇게 하지 못했다고 말하는 편이 더 정확할 수도 있는데, 직장 때문에 스웨덴에 갔으니 일을 일상보다 뒷전으로 두는 것이 모순처럼 느껴졌다. 한국 회사에서 하던 야근에 비하면 가끔 남들보다 한두 시간 더 일하는 것은 일도 아니었고, 스웨덴에 혈혈단신으로 도착한 사람에게 퇴근 후 시간이라는 것은 집에 가만히 있는 것 이상의 의미가 없었기 때문에 뭐라도 할 일을 찾는 것이 당연한 반응이었던 것 같다.

나도 스웨덴 사람들이 추구하는 가치를 존중하고 배우

려고 노력하기 때문에 모든 일을 늦게까지 남아 끝내지는 않는다. 하지만 내가 저녁에 잠깐 일을 한 흔적이 보이면 다음날 무조건 잔소리를 하는 동료가 있었다. 그는 무조건 '일:생활'의 비율을 50:50으로 두어야 하고 51:49의 비율조차 용납할 수 없다고 늘 이야기했는데, 여기에는 나도 나름대로의 할 말이 있었다. 특정 업무의 경우 일을 조금만 미리 해 두면 다음날 사람들이 기다리지 않고 바로 업무를 시작할 수 있으니 효율성 측면에서 맞다는 생각이었다. 이런 말을 하면 아침에 몇 시간 일이 지체되는 것쯤 괜찮다는 대답이 날아오지만, 솔직히 이렇게 늘어진 시간이 쌓여 내 성과가 달린 업무가 결국 늦어지면 네가 책임질 거냐고 되묻고 싶은 적도 많았다.

같은 문화권 사람들 사이의 암묵적인 규칙은 나처럼 전혀 다른 문화에서 나고 자란 사람에게는 대번에 알아차리기 쉽지 않다. 처음에 회사에 들어왔을 때는 눈치껏 주변에서 하는 모양새를 따라 하거나 친한 사람들에게 조용히 물어보곤 했다. 하지만 시간이 지나면서 애초에 그들과 나의 기본값이 다르다는 것을 알게 되고 눈치껏 적당히 내 맘대로 하는 경우가 생길 수밖에 없었다.

나는 아직도 워라밸에 대한 명쾌한 답을 알지 못한다.

할 일을 잘하려는 태도가 과연 잘못된 것인지, 사람들이 효율적으로 일할 수 있게 돕는 것이 틀렸는지, 내가 혹여 스웨덴 문화를 파괴하는 사람처럼 보이는지 등 이 질문들에는 정확한 답이 없고 순전히 문화를 해석하는 개인에 달려 있다는 점이 늘 어렵다.

또 다른 나의 고민은 스웨덴식 워라밸이 일을 열심히 하는 것을 은연중에 금기시하는 것처럼 느껴지기도 한다는 것이다. 나는 회사에 맹목적으로 충성하는 사람은 아니다. 그럼에도 나의 일이 재미있고 자아성찰과 나를 발전시키는 수단으로써의 일이 좋아서 삶의 큰 부분을 일하는 데 투자하고 있다. 그런데 만약 나의 가치 설정이 잘못된 것이라면? 나는 그저 누군가의 일꾼일 뿐인데 일이 나를 성장시킨다고 합리화하는 걸까?

한 동료의 말로는 일에 쏟을 에너지로 집 앞의 잔디를 가꾸고 취미생활을 하며 시간을 보내야 한단다. 나도 스웨덴에 온 뒤로 요가를 본격적으로 시작했고 뜨개질로 옷도 몇 벌이나 떴다. 하지만 아무리 취미생활을 열정적으로 해 봐도, 여전히 직업에서 느끼는 성취감은 어떤 것으로도 대체할 수 없이 소중하다. 이런 생각이 들 때마다 나는 어쩔 수 없는 한국 사람인 건가, 이 습관을 영영 버릴 수는 없는 걸까 하고 생각한다.

일과 삶 사이의 균형을
잡아야 한다면

스웨덴 사람들 중에도 열심히 일을 하는 사람들이 있다. 우리 팀 프로덕트 매니저는 확실히 전형적인 스웨덴 스타일로 일하는 사람이 아니다. 그는 늦은 저녁에도 메시지를 확인하는 일이 많고 중요한 일이라면 퇴근 시간이 지나고 나서도 일하기를 서슴지 않는다. 또는 승진을 목표로 하는 경우 평소보다 좀 더 많이 일하는 것도 흔하다. 대놓고 이야기하지는 않지만 승진을 겪어 본 사람들은 다들 그런 시기가 있었다며 쉬쉬하듯 말한다.

정말 다른 두 부류의 스웨덴 사람들을 보면서 워라밸을 이야기할 때 가장 중요한 것은 밸런스를 결정하는 사람이 누구인가 하는 질문에 있다는 생각이 든다. 상사가 시켜서 일을 많이 하거나 무조건 일을 적게 하는 것이 아니라, 개인이 필요에 의해 선택할 수 있어야 하는 것이 아닐까. 나처럼 직업을 통한 만족이 삶에 필요하거나 도전을 필요로 하는 사람이라면 원하는 만큼 도전할 수 있어야 하고 반대로 힘든 시기를 지날 때는 적당히 하고 충분히 쉴 수 있어야 한다고 생각한다. 그리고 이러한 선택권을 존중하는 기업 문화야말로 삶의 다양한 굴곡을 지나면서 회사와 함께 나이가 들고 성장하는 직원들을 진심으로 포용하는 문화가 아닐까 한다.

나는 스웨덴 문화 안에서 일하면서 느낀 것을 내가 이전에 알던 기준과 비교해 보며 무엇이 같고 다른지 끊임없이 생각한다. 때로 혼란스럽고 여태 알던 지식이 부정당하는 기분이 들 때도 있지만, 무조건 스웨덴식이 좋다거나 무조건 한국식이 맞다고 결론을 내리지 않고 내가 개인적인 기준점을 찾아 나가는 사람이라는 사실이 좋다. 그렇게 함으로써 내가 어디에서 누구와 일을 하든 나만이 제공할 수 있는 가치를 가지게 된 듯하다. 스웨덴 사람들에게는 나처럼 직업을 바라보는 사람이 있다는 걸 알려 주면서 그들의 문화적 다양성에 기여하는 바가 있고 반대로 한국에 돌아가게 된다면 한국에서 커리어를 시작해서 다른 맛을 보고 돌아온 사람만이 가지는 신선함이 있을지도 모른다.

더 시간이 흐르고 난 뒤 아마 둘 중 어디에도 쉽게 속하지 않는 신기한 아이덴티티를 가지고 있을지도 모른다. 달면서 짜고 유연하면서 힘이 센 것처럼. 거기에 도달하며 나는 특별한 사람이 되고 다른 사람들이 하지 않는 이야기를 할 수 있는 사람이 되겠지. 그래서 앞으로도 계속 흔들리고 고민하며 나만의 균형을 찾아 나갈 생각이다.

워라밸을 이야기할 때 가장 중요한 것은 밸런스를 결정하는 사람이 누구인가 하는 질문에 있다는 생각이 든다.

상사가 시켜서 일을 많이 하거나 무조건 일을 적게 하는 것이 아니라, 개인이 필요에 의해 선택할 수 있어야 하는 것이 아닐까.

스웨덴에서 갓생 살기

나를 해치지 않는 선에서

외국에서 사는 것은 부모님 집을 떠나 독립하는 것과 비슷한 면이 있다. 한국에서 챙겨 온 캐리어 한두 개 분량의 짐은 스웨덴 생활이 길어짐에 따라 작은 아파트를 채울 만큼 불어났다. 스웨덴에서 산 것들은 크게는 책상부터 작게는 샴푸까지 다양하다. 무엇이 필요하고 필요하지 않은지 고민과 선택을 거듭하는 과정에는 내 취향에 대한 이해를 날카롭게 하는 면이 있다. 한국에서는 눈이 기억하는 제품을 기계적으로 샀지만, 스웨덴에서는 처음 보는 브랜드가 많기 때문에 이리저리 보며 좋아하는 스타일에 맞나, 정말 필요한가 등을 차근차근 생각하는 시간을 가진다. 새로운 나라에서 먹고살기 위해 거쳐야 하는, 번거롭지만 재미있기도 한 외국살이의 묘미다.

그러면서 자연스럽게 내가 원하는 삶의 모습을 새롭게 그려 본다. 적지 않은 나이에 해외 생활을 시작했는데도 전에 모르던 나에 대해 처음부터 알게 되는 기분이 든다. 스웨덴에 살면서 알게 된 내가 추구하는 삶은 절제와 단순함이다. 모든 것을 싹 비웠다가 다시 채운 어느 순간, 옷가지와 짐에 숨이 막힌 것 같았고 습관적으로 하는 소비가 바보같이 느껴졌으며, 단순한 하루의 루틴이 무너질 때마다 몸이 아팠다. 반대로 주변이 정리되고 단순할 때 컨디션이 가장 좋았다.

덜어내기의 묘미를
깨닫다

이걸 깨닫게 된 데에는 스웨덴 초기 몇 달의 경험이 큰 역할을 했다. 한국에서 배로 부친 짐이 오고 있었기 때문에 새로 늘리는 짐을 최소로 유지하면서 지내고 있었다. 처음 느낀 감정은 신기함이었다. 배를 타고 오고 있는 옷 박스가 무색하게 가진 옷과 신발이 이렇게 단출해도 살 수 있다니! 그다음에는 떨어지면 습관적으로 채워 넣던 물건의 가짓수가 얼마나 많은지를 느꼈다. 반복되는 소비가 에너지 낭비라는 생각이 들었다. 그래서 없어도 무방한 물건을 일상에서 없애기 시작했다.

섬유유연제를 쓰지 않고, 기분 좋으려고 하던 소비를 멈추었다. 종류별로 사 모으던 신발 사기를 그만두었다. 가진 옷이 무한대로 늘어나지 않게 하나를 버려야만 하나를 새로 사는 규칙을 만들었다.

오로지 돈만 생각하고 물건을 사지 않은 것은 아니다. 소유하고 있는 물건이 줄어들면 신경이 흩어지는 일 또한 줄어들지 않을까 하는 생각이었다. 그렇게 스웨덴에서 물리적, 심리적으로 덜어내기를 계속했다.

집에 무조건 있어야 한다고 생각하던 물건들 중 일부를 치워 버렸다. 그러니 삶도 물건의 가짓수처럼 점점 단순해졌다. 시간 관리라는 명목으로 이것저것 해야 할 것 같은 강박을 버리고, 북유럽 사람들의 여유로운 삶에서 영감을 받아 덜고 덜어서 남은 일과로 하루를 간단하게 채우기에 집중했다. 마지막까지 남은 루틴은 몇 개 되지 않는다. 주중에는 출근과 퇴근, 아침 요가, 간단히 저녁을 만들고, 청소를 한다. 주말에는 책을 읽거나 자기계발을 하곤 한다.

딱 세 가지에
집중하기로 했다

우리나라를 떠나서 살아 보니 한국 사람들이 새삼 대단하다는 생각이 든다. 밥을 먹고 잠을 잘 시간이 남는지 궁금할 정도로 바쁘게 살기에 특화된 사람들 같다. 우리나라 사람들은 시간을 쪼개서 이것저것 참 많이 한다. 여러 가지 운동, 공부, N잡 등등. 한국 사회에서 떨어져 나와 보니, 이런 생활을 '갓생'이라며 좋게 부른다는 사실 자체가 너무 빡빡하게 느껴진다.

애초에 갓생이라는 말은 늘 한국인의 인생에 존재하던 개념이다. 유럽에서 나고 자란 친구들은 학교가 끝나면 학원에 가는 학창 시절, 대학생이 되어서도 영어 점수를 올리고 스펙을 쌓으려 하루 종일 공부에 매달리는 일상은 상상도 해 보지 않았을 것이다. 하지만 나는 한국에서 딱 전형적인 한국 학생의 모습대로 자랐고, 앞으로도 계속 부지런히 살아야 한다는 생각이 쉽게 지워지지 않는 것 같다.

그래서 스웨덴에서 별일 없이 산다고 해도 한국 특유의 갓생으로부터 완벽히 벗어난 것은 아니다. 집에서 보내는 시간이 많을 때에는 조용하게 흘러가는 시간이 버려진다는 기분이 들 때가 있다. 대신 이 시간에 뭐라도 배우고 남들 다 가는 카페에라도 가서 뭔가 한 척을 해야 하나 고민한다. 바쁘게 사는 모습은 확실히 '열심'이라는 단어와 잘 어울리고 모든 일을 잘 하는 사람 같다는 인상을 준다. 주변의 외국인 친구들은 공감하지 않는 것 같지만 적어도 한국인인 내게는 여전히 그렇게 보인다.

하지만 그럴 때마다 스스로에게 질문한다. 과연 천편일률적인 갓생이 나의 행복과 건강을 보장해 주고, 최대의 아웃풋을 낼 수 있는 방법일까? 아무리 생각을 해도 절대 아닌 것 같다. 세상에는 하루에 여섯 시간만 자도 쌩쌩하고 바쁜 스케줄을 즐겁게 소화할 수 있는 사람들이 많은 것 같지만, 나는 이런 부류의 사람이 아니기 때문이다. 이것을 인정할 때 내게 맞는 갓생은 꼭 해야 할 일을 만족스러운 퀄리티로 지속할 수 있는 삶이라고 생각했다. 내게 주어진 제한된 시간과 에너지를 가장 효과적으로 쓰기 위해서는 선택과 집중이 필요했다.

나는 선택과 집중을 절제와 단순함으로 실천하기로 했다. 나의 '갓생'에 꼭 필요한 것은 직업, 요가(직업 이외의 성장), 그리고 충분한 수면이더라. 이렇게 세 개의 키워드에 집중하기 위해 나는 스웨덴에 여태 살고 있는지도 모른다.

 없어도 되는 물건을 사지 않듯 하지 않아도 되는 일을 최대한 하지 않으며 산다. 저녁에는 약속을 잘 잡지 않는다. 시간 소모가 많은 SNS와 중독성 있는 콘텐츠를 되도록 보지 않는다. 하고 싶은 일을 전부 하면서 살 수 없다는 사실을 인정하고 의미 없이 갈등하기를 그만두었다. 그것이 피할 수 없는 진리라면 화끈하게 선택하고 나머지는 시원하게 포기하기로 했다.

 내가 스스로를 너무 통제하는 사람처럼 보일 수도 있겠지만, 나는 더 많은 임무를 더 열심히 하는 생활이 훨씬 자유롭지 못한 삶이라고 생각한다. 예를 들어 노트에 오늘 할 일 스무 개를 써 놓고 다섯 개를 하는 경우와, 다섯 개를 적고 다섯 가지의 일을 하는 경우를 생각해 보자. 노트에 써 놓은 스무 개의 할 일은 실천 가능성과 상관없이 노트를 펼칠 때마다 보이고 계속 머릿속에 떠돈다. 그리고 하루가 끝났을 때 끝내지 못한 열다섯 개의 할 일은 보나마나 죄책감으로 남을 것이다.

 스스로에게 지나치게 높은 기준을 강요하면 욕심과 죄책감에 시달리게 된다. 더 많은 일을 할 수 있을 것 같았는데, 하고 싶었던 일을 다 하지 못했기 때문에 괴로워진다. 욕심과 죄책감은 서로를 더 부추기면서 스스로에게 무자비한 사람이 되도록 몰아간다. 스무 개의 할 일 중에 다섯 개에만 집중하려는 절제와 더 많이, 더 빨리만을 외치는 욕심 중에 어떤 것이 더 우리에게 해로울까. 답은 너무 당연하다.

'더 많이, 더 빨리'라고 말하는 세상에게

절제하는 삶을 살고자 한다면 주변 환경으로부터 끝없이 도전을 받게 된다. 미라클 모닝을 하면서 자격증 공부를 한 사람, 투잡으로 돈을 버는 사람, 자는 동안에도 수익이 생기는 파이프라인을 만든 사람… 이런 사람들의 성공 스토리는 듣고 싶지 않아도 안 들을 수 없을 정도로 이곳저곳에서 들려온다. 나도 그들의 콘텐츠를 볼 때마다 혹할 때가 있다. 그럴 때마다 생각한다. '이 사람에게는 빨리 자격증을 따는 것이 너무 중요했으니까 열심히 한 거겠지. 누군가 한다는 이유로 나도 할 필요는 없다. 나에게 중요한 것을 꾸준히 하자.'

덜어내는 방식의 절제는 자연스럽게 마음에 공간을 만

들어 준다. 무리해서 계획하지 않았으니 해야 하는 일 하나하나에 충분한 시간과 노력을 쏟을 수 있다.

사실 가장 어려운 것은 나 자신에게 중요한 일이 무엇인지 묻고 결정하는 과정이다. 세상이 바라는 대로, 주변에 보이는 대로 전부 일상에 끼워 넣으면 우리의 하루는 오직 양적인 결과만을 위해 움직인다. 나에게 정말 필요한 것들만 선택하고 나머지는 버릴 줄 아는 것이 훨씬 성숙하고 또한 용감한 삶의 방식이라고 믿는다.

살다 보면 '더 많이, 더 빨리'를 외치는 목소리에 마음이 어지러울 때가 있다. 이때가 기회다. 의도적으로 세상과 나 사이에 거리를 두고, 나를 해치지 않는 삶의 균형점을 찾아보자.

이전보다 덜 예쁜 옷을 입고 아무것도 하지 않는 듯 살아도 나의 세상은 무너지지 않았다. 나는 지금 충분히 행복하다. 덜어낼 줄 아는 것은 곧 해방이고 자유다.

집에 무조건 있어야 한다고 생각하던 물건들 중 일부를 치워 버렸다. 그러니 삶도 물건의 가짓수처럼 점점 단순해졌다. 시간 관리라는 명목으로 이것저것 해야 할 것 같은 강박을 버리고, 북유럽 사람들의 여유로운 삶에서 영감을 받아 덜고 덜어서 남은 일과로 하루를 간단하게 채우기에 집중했다.

동기부여가 제일 쉬웠어요

작은 실천으로 커다란 목표에 다가서기

스포티파이에서는 여름과 겨울, 1년에 두 번씩 커리어 디벨롭먼트 토크(줄여서 데브톡)를 진행한다. 데브톡은 매니저와 지난 반기를 리뷰하고 다음 반기 목표를 설정하는 말 그대로 커리어 면담이다. 데브톡 시즌이 되면 같이 일한 사람들에게 피드백을 받고 그동안의 성과를 정리하는 시간을 갖는다.

이름만 달랐을 뿐, 한국에서 회사를 다닐 때에도 1년 동안 한 일을 정리하고 피드백을 모아 조직장과 면담하는 연례 루틴이 있었다. 면담의 골자는 비슷한데 지금 하는 데브톡은 한국 회사에서 하는 면담과 방향성이 약간 다르다. 지금 회사에서는 목표를 스스로 설정하는 일을 가장 강조한다. 내가 능동적으로 노력하고 개선해야 할 점은 어떤 것이 있고 그렇게 생각한 이유는 무엇인지 등을 혼자 생각해 내기를 권장한다.

여기서 매니저의 역할은 다양한데, 나의 경우에는 중요도가 높은 목표들을 추리고 이를 측정 가능한 형태로 바꾸는 일에 도움을 많이 받았다. 나는 아이디어는 있지만 실행 계획이 확실하지 않은 것들이 많았다. 나의 매니저는 측정 가능한 목표만이 성공과 실패를 가늠할 수 있다는 지론이 확실한 분이라 데브톡은 대체로 나와 매니저의 목표에 대한 관점의 차이를 줄이는 시간이었다.

나는 평소에 느낌이나 직감대로 움직이는 사람이기 때문에 그 매니저와 일을 하기 전까지 측정 가능성은 별로 중요하게 생각하지 않았다. 그냥 직원 한 명일 뿐인데 나의 목표까지 기업처럼 수치화할 필요가 있나 싶었다. 그러나 몇 분기를 지나 보니 그의 사고방식의 장점을 인정하게 되었다. 수치화된 목표를 만들려면 목표를 이루기 위해서 '무엇'을 해야 하는지에 대한 구체적인 계획이 일단 필요하다. 그다음에 '얼마만큼'이라는 기준을 붙여 목표로 만든다. 그러므로 목표를 측정 가능하게 바꾸는 것은 아이디어를 행동으로 재해석하는 것과 비슷하다. 그 과정에서 목표는 더 이상 애매모호하고 불확실한 꿈이 아니다. 대신 현실적이고 실현 가능한 조각들이 된다.

더 크게 말하고,
더 많이 참견할 것

"회사 내 다양한 자리에서 의견을 내는 사람이 되면 좋겠어요."

같이 일하는 PM이 내가 회의에서 더 많은 의견을 냈으면 좋겠다고 피드백을 남겨 주었다. 그는 특히 내가 다른 조직에서 일하는 사람들과의 회의에서 조용한 편인 것 같다고 했다. 하지만 앞으로 더 성장하려면 어떤 회의에서도 활발하게 의견을 낼 수 있어야 한다는 것이다.

스포티파이에서 일하면서 내가 특히 오래 고민했던 것이 더 많은 의견을 펼치기였다. 나는 누군가의 문서를 제대로 이해하는 것에 초점을 맞추는 편이다. 한편 주변에 보면 문서마다 질문을 하고, 새로운 의견을 남기는 등 참견을 하고 다니는 사람들이 있다. 회의도 마찬가지다. 나처럼 조용히 듣고 있는 사람이 있는 반면 활발하게 질문을 하는 사람이 있다. 당연히 레벨이 높아질수록 나의 의견을 의논의 자리에 올려 놓는 것이 점점 더 중요해진다.

그래야 나의 이름이 바깥에 계속 노출되고, 내가 그 주제를 깊이 신경 쓰고 있다는 인상도 주기 때문이다.

데브톡에서는 당장 회의에서 말하는 법에 집중하기보다, 우선 개발 문서에 나의 의견을 남기는 법을 연습하기로 했다. 회의에서 의견을 말하는 것이 더 임팩트가 있을지 모르나 내 현재 상태에서 잘할 수 있을지 확실하지 않았다. 하지만 문서는 혼자 생각할 시간이 충분해서 해 볼 만했다. 그렇게 나온 정량적 목표는 한 달에 한 번 무조건 중요한 개발 문서에 코멘트를 남기기다. 굳이 매달 한 번이 된 이유도 따로 있다. 코멘트를 남겨서 보상이 될 만한 중요한 문서가 자주 나오지 않는다는 점을 고려해서 현실적으로 한 번으로 정했다.

덩어리 시간을
확보할 것

나는 한동안 집중하는 시간을 못 만드는 어려움에 시달리고 있었다. 동시다발적으로 하는 일이 많아지면서 이것저것 마구잡이로 일을 하다가 제대로 집중하지 못하는 날이 많아졌다. 게다가 우리 팀에 내가 꼭 도와줘야 하는 동료가 있었다. 팀에 데이터 엔지니어가 나를 포함해서 두 명인데, 나의 유일한 데이터 엔지니어인 동료 C는 우리 회사에 입사한 지 얼마 되지 않은 상태였다. 안 그래도 한 번에 여러 가지 일을 하고 있는데, 그가 메신저로 도와 달 라는 부탁을 하면 하던 일을 멈추고 도와주러 갈 수밖에 없었다. 결국 이 모든 게 나한테도 벅찬 일이 되었다.

처음에 이 문제에 대해 상담할 때 나는 내가 더 집중력 을 높여야 한다고 생각했다. 하지만 매니저는 눈에 보이 지 않는 것일수록 눈에 보이는 형태로 해결하기를 추천했 다. 이때 매니저가 제안한 것이 달력에 방해받지 않는 업 무 시간을 미리 잡아 두고, 달력에 보이는 계획을 존중해 서 일하는 방식이었다. 그 시간이 되면 메신저를 끄고 내 가 정한 일만 하는 거다.

처음에는 일주일에 하루, 오후의 두 시간을 집중 업무 시간으로 잡아 두는 것으로 시작했다. 그리고 타이틀을 'A에 대한 업무를 하는 시간'이라는 식으로 미리 적어 놨 다. 나중에 정말 그 시간이 다가왔을 때는 나와 약속한 대 로 메신저를 끄고 타이틀에 적힌 업무만 하려고 했다. 이 를 몇 번 반복한 다음에는 일주일 동안 N시간만큼 집중 업무 시간을 정한다고 목표를 수정했다. 그리고 그 시간을 내가 하고 있던 업무에 배분했다.

처음에는 초등학생이 방학계획표를 만드는 것 같다고 생각했지만, 실제로 정해진 스케줄이 있는 것만으로 집중력을 올리는 데 많은 도움이 되었다. 집중력을 더 높인다는 목표만 가지고 있었다면 나는 아마 크게 달라지지 않았을지도 모른다. 하지만 달력을 열면 미리 잡아 둔 집중업무 시간이 한눈에 보인다. '아, 나에게는 방해받지 않고 업무에 집중하는 시간이 꼭 필요했지!'라는 것을 상기할 수 있었다.

좋은 목표에는 구체적인 실행 방법이 따라야 한다

시니어 엔지니어에서 한 단계 더 성장하기 위해서는 여러 팀 사이의 공통적인 문제를 해결하는 프로젝트를 제안할 줄 알아야 한다. 개발자에게 이 말은 여러 팀 사이에서 일할 수 있다는 것, 여러 개의 팀의 개발 영역을 하나처럼 연관 지어서 생각할 줄 안다는 뜻이다.

내가 처음 이 목표를 매니저에게 꺼냈을 때는 보기에는 훌륭한 목표인 것 같아 보여도 구체적으로 '무엇을 할 것인지'가 부족하다는 피드백을 받았다. 단순하게 접근하면 저 말 그대로의 프로젝트를 제안하면 될 것 같지만 이런 식의 접근은 좋은 아이디어가 떠오를 때까지 가만히 기다리는 것과 별로 다를 바가 없다는 것이다. 맞는 말이긴 했다. 나는 이와 같은 방향성을 꾸준히 생각하고 있었음에도 오랫동안 여러 팀에 기술적 임팩트가 있는 프로젝트를 쉽게 생각해 내지 못하고 있었다.

그래서 매니저와 나는 머리를 맞대고 이 목표를 성취할 수 있는 작은 방법들을 생각나는 대로 적어 보고 최대한 당장 실천할 수 있는 것들 위주로 골랐다. 쉽게 시작하려면 다른 사람의 도움이 가장 중요하니까 이미 이런 업무를 하고 있는 사람들과 이야기를 해 보기, 나를 이런 아이디어에 많이 노출시켜 줄 수 있는 서포터를 찾아보기, 정기적으로 공유되는 팀별 업데이트를 유심히 읽어 보기, 다른 팀의 슬랙 채널을 모니터링하고 반복적으로 언급되는 이슈가 있는지 확인하기 등이 내가 쉽게 할 수 있는 일이었다.

이런 작은 방법들이 정량적인 목표와 관련이 없어 보일 수도 있지만, 이런 작은 방법들은 내가 목표를 이루기 위해 어떤 노력을 하는지를 스스로 점검하게 한다. 좋은 아이디어가 떠오르기를 가만히 기다리던 이전과 달리 지금의 나는 적어도 일주일에 한 번 관련 경험이 있는 사람과 티타임을 갖는다거나 혹은 2주마다 한 번은 금요일에 슬랙 채널을 모니터링하는 시간을 잡아 두는 등 정기적으로 목표를 향해 움직이는 작은 단계들을 나의 스케줄 안에 배치하고 있다.

오래되고 복잡한 프로그램의 코드를 보면 처음에는 방대한 코드 라인 때문에 놀라게 된다. 하지만 차근차근 분석을 할수록 복잡한 프로그램은 작은 조각들의 모음이라는 것을 알게 된다. 그 조각들만 따로 보면 생각보다 간단하지만, 아주 많은 조각들이 서로 얽히고설켜서 한눈에 이해하지 못하는 복잡한 프로그램이 되는 것이다.

나의 목표가 자주자주 실천하며 계속 작은 리소스를 모아 가는 형태라는 점에서, 작은 조각의 코드가 거대한 프로그램의 한 부분이 되는 것과 비슷한 것 같다. 나는 이제 감나무 밑에서 가만히 앉아 홍시가 떨어지기만을 기다리지 않는다. 세분화되고 정량적인 작은 단계들을 통해 계속 무언가를 하며 덩어리를 키워 간다.

YOU ARE WHAT YOU DO,
NOT WHAT YOU SAY YOU'LL DO.

당연한 것을 당연하지 않게 보기

습관적인 규칙에 반기를 드는 사람이 되자

영어로 자유롭게 토론하지 못하던 스웨덴 생활 초기에는 내가 하려던 말을 다른 사람이 먼저 하는 상황이 정말 많았다. 들어서 이해하고 생각을 영어로 바꾸는 속도가 너무 느려서 당연했지만 어쩔 수 없이 대화에서 진 느낌이 들곤 했다. 그러한 와중에 아무도 나의 말을 빼앗지 않던 때가 있었다. 바로 남들은 당연하게 생각하는 것에 대한 이야기를 할 때였다.

나는 의견이 강한 사람이 아니라 이래도 좋고 저래도 좋다고 생각할 때가 많다. 일을 할 때도 무조건 내가 생각하는 대로 되어야 한다고 밀어붙이는 경우는 별로 없다. 그러나 나는 '당연하다'며 넘어가는 태도에 남들보다 예민하다. 그래서 의도치 않게 서로 동의한 규칙에 반기를 들거나 사람들이 잠시 침묵하고 넘어갈 때 "잠시만요"라고 정적을 깨는 일이 잦았다. 그것이 내가 주변과 다른 이야기를 한다는 인상을 주었던 것 같다.

사람들은 당연하게 생각하지만 나는 그렇지 않을 때야말로 말로 말을 뺏기지 않는 화자가 될 수 있었고 사람들이 내 말을 주목해서 듣는 것이 느껴졌다. 그래서 당연한 것을 당연하지 않게 보기가 임팩트가 있는 좋은 의견을 내는 방법이라는 것을 경험으로부터 신뢰한다.

규칙에
순응하지 말 것

당연하게 보지 않기가 너무 어렵게 들릴 수도 있겠지만 내가 실천하는 방법은 굉장히 간단하다. 사람들이 습관적으로 따르는 규칙의 의미를 반문하는 것이다. 우리 팀은 매일 아침에 스탠드업 회의가 있다. 서로 어제 한 일과 오늘 할 일에 대해 공유하는 자리로 프로덕트 매니저(Product Manager, PM)를 포함한 모두가 참석했었다. 그런데 스탠드업에서 나누는 내용을 PM이 이미 거의 알고 있고 주로 개발자들끼리 대화하는 시간이 많아져서 회의에 들어올 필요가 없는 것 같다며 PM이 회의에 들어오지 않기로 했다.

PM이 없는 스탠드업 회의가 2분기 정도 지속되었고 팀의 상황이 갑자기 바뀌었다. 우리는 주간 계획을 하면서 한 주 동안 해야 하는 업무를 시스템에 태스크 단위로 작성해 놓고, 매일 시스템을 훑으면서 스탠드업 회의를 한다.

그런데 전과 다르게 태스크 하나를 확인할 때마다 그의 의견이 필요한 업무가 너무 많아졌고, 당장 PM이 회의에 없으니 그런 태스크는 회의가 끝나면 따로 물어봐야 하는 임시 상태로 남았다. 그러다 보니 물어보는 것을 잊어버리거나 말이 전달되는 과정에서 디테일이 빠지는 등의 문제가 생겼다. 내가 보기에는 서로 얼굴을 보고 1분이면 충분할 주제에 쓸데없이 지체되는 시간이 너무 많은 것이다. 그래서 팀의 상황이 바뀌었으니 회의에 PM이 다시 들어올 것을 제안을 했고 모두가 너무 흔쾌히 동의했다.

정말 당연한 제안인 것 같지만 신기하게도 우리의 사고는 생각보다 쉽게 기존 규칙에 익숙해져 있었다. 합의하에 6개월 동안 지속한 규칙은 주변 상황이 변했음에도 PM이 회의에 들어오지 않는 것을 당연하게 보이게 하고, 우리는 'PM은 회의에 오지 않는다'는 이 고정된 생각에 맞춰 '회의 밖에서 그의 의견을 확인한다'는 솔루션을 생각하게 되었다. 이때 '지금 우리는 어떤 상황에 있는가? 그리고 규칙이 여전히 상황에 적절한가?'와 같이 상황을 새로운 각도에서 보는 것이 필요하다.

좋은 질문을
할 줄 아는 사람

팀으로 일을 하다 보면 자연스럽게 여러 규칙들이 만들어진다. 이것을 Ways of Working, 혹은 줄여서 WoW라고 부르는데 내가 일하는 회사에서는 보통 팀마다 내부에서 결정한 내용을 WoW 문서로 정리한다. 우리 팀의 WoW 문서에는 스탠드업 회의를 포함해서 다른 정기적인 회의를 진행하는 방법, 주마다 로테이션으로 바뀌는 팀내 역할에 대한 설명 등이 적혀 있다. 장애 처리 프로세스 또한 흔한 주제다.

같이 일하는 사람들끼리 규칙을 정하고 프로세스를 만드는 이유는 서로 더 편하게 협업하고 좋은 퀄리티의 결과물을 만들기 위해서다. 그런데 많은 사람들이 한 번 규칙이나 프로세스가 정해지면 열심히 따르는 것으로 자기

할 일을 다 했다고 생각한다. 하지만 규칙을 의심 없이 받아들이는 태도에는 위험한 면이 있다. 규칙을 지키려는 행동이 개선의 여지를 차단하는 역할을 해서 딱 약속한 만큼만 한다거나 규칙이 만들어진 목적을 잊고 규칙 자체를 결과처럼 보기 쉽다.

하지만 규칙과 규칙이 적용되는 상황을 종합적으로, 신선한 시각으로 볼 줄 아는 사람들은 좋은 질문을 들고 온다. 규칙에 대한 근본적인 의문을 제기하고 현재 상황에 맞는 수정을 요구한다. 물론 Ways of Working은 그저 일을 하는 방법에 불과하기 때문에 규칙이 오래되었다고 해서 회사가 갑자기 문을 닫는 것도 아니고, 급하면 규칙을 무시하고 임기응변으로 대응하기도 한다. 그러나 논리적인 이유로 규칙에 반기를 드는 사람을 보는 동료의 입장에서는, 그가 일을 하는 상황을 분석적으로 볼 줄 알고 다함께 일하는 방식을 개선하려는 의지가 있는 사람이라는 인상을 준다. 또한 몸은 일터에, 정신은 다른 곳에 있는 사람과 달리 사람들의 이야기를 귀 기울여 듣고 이해하고 기억하며 매 순간을 진심을 다해 살고 있는 사람처럼 느껴진다. 이러한 인상은 그 사람에 대한 신뢰감으로 이어질 수밖에 없다. 내가 주변이 당연하다며 넘어갈 때 손을 들고 '왜'를 묻는 사람들을 개인적으로 좋아하는 이유다.

익숙한 것들과
결별할 것

매번 의심스럽게 상황을 관찰하는 일은 생각보다 어렵고 피로하다. 매일 요가를 해도 대충 하고 싶은 날이 있고 열심히 하고 싶은 날이 있듯, 일을 할 때도 에너지가 가득한 날이 있는가 하면 아무 말도 하고 싶지 않은 날이 있다. 익숙한 동작을 처음 배우듯 하려면 몸에 붙은 습관을 배제할 수 있을 만큼의 많은 집중력이 필요하다. 이런 상태로 매일같이 신경을 곤두세우고 일하는 것은 쉽지 않다. 그런 의미에서 회사나 팀에 막 들어온 사람들이 예전부터 있던 사람들은 생각지도 못했던 새로운 질문을 하는 것은 어찌 보면 당연한 것이다. 일부러 신경 쓰지 않아도 모든 것이 새로울 테니까.

규칙에 익숙해지는 일, 당연하지 않았던 것이 당연해지는 과정이 무조건 나쁘다고 생각하지는 않는다. 규칙은 일을 효율적으로 하기 위해 만들어진 것이고 구성원 모두가 공통의 프로세스를 따르게 되면 최대의 효율성이 나온다고 생각한다.

　그럼에도 계속 당연한 것을 당연하지 않게 보려고 노력해야 한다고 생각하는 것은 우리는 언젠가는 속한 그룹에 익숙해지고 고참이 되기 때문일 것이다. 나는 '예전부터 이렇게 했으니까 당연하다'는 말을 하는 둔감한 사람은 되기 싫다. 한 그룹에 오래 있으면서도 늘 신선한 아이디어를 가지고 오는 사람이 되려면 주변을 계속 새로운 시선으로 볼 필요가 있고, 익숙함에서 의도적으로 멀어질 필요가 있다. 새로운 경험을 위해 한국을 떠나 스웨덴에서 일한 지도 5년이 다 되어 간다. 나는 시간이 지나면서 당연해지는 것과 의도적으로 당연하지 않게 볼 줄 아는 균형을 적절하게 유지하는 사람이 되고 싶다.

규칙과 규칙이 적용되는 상황을 종합적으로,
신선한 시각으로 볼 줄 아는 사람들은
좋은 질문을 들고 온다.

여태까지 일한 이래 최장 기간으로 겨울 휴가를 쓴 뒤, 아주 오랜만에 회사에 출근했던 날의 일이다. 회사 꼭대기 층의 통유리창 바로 앞에 직원용 커피숍이 있다. 두 명의 바리스타가 아침부터 오후 네 시까지 직접 커피를 내려 주시기 때문에 직원들이 보통 '바리스타 바'라고 부른다. 아침 아홉 시도 되지 않은 한산한 시간에 혼자 바리스타 바에 가서 따뜻한 라테를 주문했다. 기다리는 사람이 없어서 정성스러운 라테아트를 받았고, 첫 모금을 마시는 순간 '이게 회사 다니는 맛이지!'라는 생각이 들면서 기분이 너무 좋아졌다.

사실 그날에는 기분이 나쁠 준비를 하고 회사에 갔다. 휴가를 쓴 사이에 회사에 태풍이 몰아쳐 우리 팀이 없어지고 나는 강제로 다른 팀으로 소속이 바뀌었다. 같은 팀에서 일하던 동료들은 다른 팀으로 흩어졌다. 오랜 휴가 끝에 회사에 출근한 첫날, 이 혼란스러운 상황을 실제로 맞닥뜨려야 하기 때문에 화가 나면서 불안한 상태였다. 그런데 그 기분이 맛있는 커피 한 잔에 사르르 녹아내렸다.

의욕 없는 날은
커피와 초콜릿부터

회사 생활은 밀고 당기기 같다. 회사가 나를 끌어당길 때는 중요한 일을 하는 듯한 기분에 정신없이 일을 한다. 그러다가 회사가 나를 확 밀어 버릴 때가 있다. 오랜만에 출근을 했던 그날처럼. 그럴 때는 솔직히 많이 슬프다. 그런 날에는 회사가 끌어당기는 힘으로 일을 하는 것이 아닌, 의무감 때문에 일을 해야 하기 때문에 동기부여하기가 배로 어렵다. 하지만 월급을 받는 사람으로서 어떻게든 이 시기 또한 지나야 하는 법. 그래서 회사가 나를 밀어낼 때 너무 슬퍼하지 않기 위해 여러 가지 버전의 회사 다니는 맛을 준비해 두고 돌아가면서 당근처럼 쓰고 있다.

오래전에 같이 일했던 한 이사님께서 점심시간에 김밥

을 먹으면서 잠깐 미식축구를 보는 낙으로 회사를 다닌다고 말씀하신 것을 기억한다. 내게는 비슷한 버전으로 아침에 마시는 커피와 군것질거리가 있다. 한 동료는 초콜릿과 젤리를 달고 사는 나를 보고 '요가하는 사람은 건강식만 챙겨 먹는다'는 편견을 내가 없애 버렸다고 평가하기도 했다.

의욕이 하나도 없는 날에는 출근해서 자리에 앉자마자 커피와 초콜릿부터 먹는다. 그러면 머리를 쓸 기운이 조금 생긴다. 그 후에 노트북을 열고 일을 시작한다. 바보 같은 커피와 초콜릿 중독처럼 보여도 내게는 하루를 기분 좋게 시작하기 위한 중요한 의식이다. 내가 기분이 좋아 보이면 나를 보는 다른 사람들의 기분이 좋아질 수도 있으니까. 내가 기운차게 일하면 다른 사람들에게 좋은 에너지를 줄 수도 있고. 더 많은 커피와 초콜릿을 먹기 위한 변명처럼 들릴지도 모르겠지만, 내가 다른 사람을 보면서 영향을 받는 만큼 나도 나름의 최선을 다하는 중이다.

숨 쉴 타이밍을
잊지 말자

이 책의 많은 내용이 일에 대해 이야기하고 있어 나라는 사람이 항상 의욕 있게 일하는 사람처럼 보일 수도 있겠다. 하지만 나도 사람이라 항상 그렇지만은 않다. 좋아하는 일을 하면서도 회사 다닐 맛이 안 나는 시기가 주기적으로 찾아온다. 그럴 때는 일에 대한 마음을 잠시 내려놓고 열심히 일을 할 에너지를 다른 취미에 쏟아 본다. 아침에 요가원에 가야 하니까 겸사겸사 회사에 가 준다는 생각으로, 그리고 오늘 아침에도 요가를 했다는 뿌듯한 마음을 느끼는 맛으로 회사에 간다. 주객이 전도된 채로 회사에 다니다 보면 다시 일이 재미있어지는 시기가 돌아왔고 재미있는 업무가 생겼다. 그러면 다시 에너지의 방향을 회사로 돌려놓는다.

풍요로운 삶을 위해, 그리고 주의를 환기하는 의미에서 다양한 취미와 즐거움을 갖는 것은 꽤 중요한 것 같다. 내게 요가라도 있어서 다행이라고 얼마나 많이 생각했던가. 요가는 내가 잠시 일로부터 도망갈 수 있는 공간이자, 별로 하고 싶지 않은 일이라도 할 수 있는 에너지를 주는 건

전지 같은 역할을 한다.

　매일같이 일 사이에 올바르게 브레이크를 걸기 위해 의도적인 노력을 들일 필요가 있다. 물속으로 잠수를 했던 사람이 숨을 쉬기 위해 물 위로 올라오듯 자신에게 맞는 숨을 쉬는 방법과 타이밍을 스스로 찾아 나가야 한다. 자신이 좋아하는 것을 찾고, 그 취미와 직업을 병행하는 방법을 터득하기까지 잦은 시행착오를 겪을지도 모른다. 하지만 장기적인 커리어를 염두에 두는 사람이라면 체력적, 정신적으로 무너지지 않고 지속 가능하게 일상과 일을 보존할 방법이 필요하다고 생각한다. 쉬어도 뭘 해야 할지 모르겠다며 쉬기를 계속 미루다가, 모든 것이 고장 나기 전에 말이다.

　아무리 일하는 것이 중요해도 일이 삶의 유일한 즐거움이 되도록 내버려두면 안 되는 것 같다. 적어도 나는 다른 종류의 즐거움과 성취가 필요했다. 종종 일로부터 도망칠 곳이 있어야 하고, 에너지를 채울 수 있는 다른 방식이 간절했다. 그 끝이 결국 일로 돌아가는 한이 있어도 말이다.

　그런 의미에서 어떤 날은 회사 바리스타 바에서 고소한 라테를 마시기 위해 출근한다. 일할 맛이 더 안 나면

괜히 친한 동료를 불러서 같이 커피를 마시며 시답지 않은 이야기를 한다. 휴가 중에 바리스타 바에 겨울 한정 메뉴가 생겨서 좋다. 내일 아침에는 허니 아몬드 라테를 마실 생각이다. 그리고 그 다음날은 요가원에 나가는 즐거움으로 하루를 시작해야지. 어떤 날에는 정말 출근만으로도 오늘 할 일은 다 했다는 생각을 하며 회사에 들어가는데, 신기하게 이런 때 일이 더 잘되기도 한다. 회사가 나를 밀어내는 시기에 있어도 무작정 고통스럽게 버틸 생각은 없다. 작은 즐거움을 방어막처럼 둘러 입고 최대한 즐겁게 지낼 거다.

이 글을 읽는 당신의 회사 다니는 맛은 무엇인가. 부디 회사로 출근하는 길이, 회사에서 일하는 시간이 전부 지옥 같지 않기를 바란다.

장기적인 커리어를 염두에 두는 사람이라면 체력적으로, 정신적으로 무너지지 않고 일상과 일을 보존할 방법이 필요하다고 생각한다. 쉬어도 뭘 해야 할지 모르겠다며 쉬기를 계속 미루다가, 모든 것이 고장 나기 전에 말이다.

chapter 5

그
누구보다도

—

나를 믿는 마음

멈추고 뒤를 돌아보기

내 인생에 더 좋은 이름을 붙여 주고 싶어서

스웨덴에 오고 조금 시간이 지났을 때 문득 블로그에 글을 써야겠다는 생각이 들었다. 퇴사부터 해외 이사, 새로운 회사에서의 시작을 정신없이 끝내고 마침내 마음에 여유가 생긴 시기였다. 우리나라에서의 생활을 정리하는 동시에 스웨덴에서 살 준비를 하느라 시간이 정말 순식간에 지나갔다. 그래서 이전 직장 생활을 돌아보거나 이직을 음미할 겨를도 없이, 번갯불에 콩 볶듯이 스웨덴에 왔던 것이다.

이왕 글을 쓴다면 해외 이직 과정으로 시작하고 싶었다. 나도 이 모든 경험이 처음이었기 때문에 기억이 조금이라도 생생할 때 최대한 기록으로 남겨야 할 것 같았다. 그리고 개방된 플랫폼에 올린 내 기록이 다른 사람들에게 도움이 되면 좋겠다는 생각도 있었다. 나는 주변에 해외에서 일을 하고 있는 개발자가 없었으므로 오로지 전혀 모르는 사람들의 도움으로 준비를 했다고 해도 과언이 아니다. '내가 그렇게 이름 모를 사람들의 흔적을 되짚어가며 이직을 했으니, 앞으로 남기게 될 이야기 또한 누군가에게 읽히고 가능성을 보여줄 수 있지 않을까'라는 생각으로 블로그에 글을 올리기 시작했다.

무수한 조각들을 맞추다 보니
보이는 것들

막 글을 쓰기 시작했을 때는 그냥 기억나는 대로 있었던 일들을 적으면 된다고 생각했던 것 같다. 그런데 점점 글 쓰는 과정이 회고의 역할을 하고 있다는 것을 느꼈다. 당장 해야 할 일을 하느라 미뤄 두었던, 이직과 퇴사라는 사건이 어떤 의미가 있는가에 대한 생각이 새롭게 흘러들어왔다. 지난 2년 동안 드문드문 있었던 일을 통째로 돌아보는 것은 생각보다 시간과 에너지가 많이 드는 일이었다. 만약 내가 '다른 사람들을 위해서'라는 순수한 의도만 가지고 글을 쓰려 했다면 금방 그만두었을 것 같다. 오히려 글쓰기를 통해 해외 이직이라는 사건이 내 삶에 가지는 의미를 비로소 이해한 것 같은 느낌이 들었다.

이직을 준비할 당시에는 오로지 목표를 이루기 위한 레이스를 잘 완주해야 한다는 생각뿐이었다. 한창 상황 속에 있을 때는 목표와 장애물 말고 다른 것이 잘 보이지 않는다. 집중력이 있다고 말할 수 있고 다른 말로 하면 시야가 좁아진다고도 할 수 있다. 어찌 보면 자연스러운 선택일지도 모른다. 회사를 다니면서 남는 시간에 공부를 하는 것만으로도 하루가 꽉 차는데, 갑자기 여태 지나온 실패를 하나씩 곱씹어 보거나 나는 어떤 사람인지 자아성찰을 한다면 집중력이 흐트러지기만 할 것이다.

그런데 이력서부터 계약서에 사인을 할 때까지 흩어진 조각들을 모아 놓고 보자, 이 이야기는 내가 삶에서 꾸준함과 실패를 바라보는 태도가 극단적으로 나타난 이벤트라는 생각이 들었다. 그리고 뒤늦게 회고를 하며, 나에게 스스로도 잘 몰랐던 기질이 있고 그것으로 오랜 준비 기간을 이겨 냈다는 것을 알아차렸다. 이직에 성공할 때까지 거듭되는 실패를 꾸준함으로 돌파했다는 점이 나의 두드러진 행동 패턴이었다.

어떤 일이 한 번 휘몰아치고 난 후, 숨을 돌리면서 그것의 의미를 되짚어 볼 필요가 있다. 긴 시간 곳곳에 흩어진 작은 노력, 함께했던 사람들, 나의 태도를 하나하나 다시 꺼내 보면 저마다 내게 말해 주는 것이 있다. 과거를 복기하는 것이 늘 즐거운 경험이 될 수는 없다. 그래도 그것을 깊이 들여다볼 용기가 있다면 생각지도 못한 발견을 하게 된다.

회고는 노하우를 경험으로 바꾼다

우리는 미래를 알지 못한 채 부분적인 정보만으로 최선의 결정을 할 수밖에 없다. 그래서 나중에 보면 중요하다고 생각했던 것이 사실은 별로 중요하지 않기도 하고, 사소하다고 생각했는데 예상보다 훨씬 더 중요했던 것으로 밝혀지기도 한다.

나는 경험을 최대한 매번 회고하고 짚고 넘어가야 한다고 생각하는 편이다. 그래서 큰 단위의 업무가 끝날 때, 일을 하며 처음 겪는 상황이 생길 때마다 뒤늦게라도 그것들을 재조명하며 내가 상황을 읽는 방식을 다각화하려고 한다. 특히 단편적으로 좋다 혹은 나쁘다는 결론에 멈추지 않고 좋다면 왜 좋았고 나빴다면 무엇 때문이었는지 나만의 해석을 만들어 본다. 그러면서 회고를 통해 개인적인 인상이나 편견에서 벗어나려고 노력한다. 이 경험으로부터 진짜 얻어야 하는 것이 무엇인지 객관적으로 생각해 본다.

특히 회사에서 있었던 일에 대해 회고하며 감상이 완전히 바뀐 적이 많다. 나는 아무것도 할 수 있는 것이 없다고 여겼던 상황에서 다른 해결 방식을 발견하기도 하고 뒤늦게 내가 우연히 한 일의 중요성을 깨닫기도 했다. 크게 성공할 것 같았던 프로젝트의 실패, 혹은 그 반대의 경우 많은 것들이 시간이 지나면 꽤 다르게 보였다. 회고하는 시점에서는 종합적인 시각으로 상황을 바라볼 수 있게 되기 때문일 것이다. 시간이 지나 몰입했던 상황에서 빠져나와 시작과 끝을 한눈에 볼 수 있게 되었을 때, 당시에는 알 수 없었던 결정과 결과 사이의 관계가 더 선명하게 드러났다.

일하는 사람으로서 나만의 무기 하나를 갖추고 싶다면 경험 하나하나를 성장의 발판으로 삼아야 한다. 일 하나를 끝내고 다음 일로 아무 생각 없이 넘어가기보다 회고를 통해 이 경험에서 내가 배울 점을 찾고 내 것으로 만들어야 한다. 이것이 경험을 노하우로 바꾸는 방법이다. 지난 일에서 잘된 부분과 새로 깨달은 점은 무엇인지 등을 생각하려면 일 사이사이에 잠깐 멈추어 볼 필요가 있다. 그리고 경험-회고-누적의 사이클을 의식적으로 반복할 때 나의 시야가 점점 풍부해진다고 믿는다.

누군가는 잘잘못을 따지거나 실수를 곱씹어 보기 위해 회고하지만, 나는 늘 과거의 내가 지금의 나를 무엇으로 어떻게 만들어 왔는지 이해하기 위해 회고를 한다. 현재까지 온 과정을 아는 것은 곧 자신의 스토리를 기억하고 있다는 뜻이고, 또한 자신이 지금 어디에 있는지 정확히 안다는 의미가 아닐까? 이런 이해가 없다면 현재의 나를 '어쩌다 보니 이렇게 되었다'며 설명할 수밖에 없다. 나는 나의 이야기에 더 좋은 이름을 붙여 주고 싶다.

브런치에 글을 한 편 발행할 때마다 시간 여행을 하는 듯한 기분이 들곤 했다. 지금까지 있었던 일들에 대해 며칠에 걸쳐 생각하고 글로 정리하며 나는 매번 겨우 가쁜 숨을 가라앉혔다. 어설픈 솜씨로 완성한 글을 올리며 나의 시간 어딘가에 표시를 하나 남길 때마다 이게 다 무슨 의미가 있나 생각하기도 했지만, 몇 년 동안 정성껏 작성한

회고록을 다시 훑어보니 나는 계속 멈추어 돌아갔다가 앞
으로 나아감을 반복하며 자라고 있었더라. 나는 앞으로도
과거로 돌아가 남겨 둘 기억은 글 안에 두고, 앞으로 기억
해야 할 것들만 잘 추슬러서 현재로 돌아오는 나만의 시
간 여행을 계속할 생각이다.

과거를 복기하는 것이 늘 즐거운 경험이 될 수는 없다. 그래도 그것을 깊이 들여다볼 용기가 있다면 생각지도 못한 발견을 하게 된다. 나는 나의 이야기에 더 좋은 이름을 붙여 주고 싶다.

나는 스웨덴에 온 이후로 일주일에 세네 번, 가끔은 다섯 번까지 이른 아침에 요가원에 나가고 있다. 아침 여섯 시에 요가원에 도착해서 수업이 끝나면 씻고 출근을 한다. 이런 나의 루틴은 주변에서 꽤 유명하다. 개발자들 중에 특히 올빼미가 많기 때문에 내가 자고 일어나는 시간을 신기해한다. 오랜만에 만나는 회사 사람들은 보통 아직도 새벽에 요가를 하러 나가는지 물어보며 인사를 시작할 정도다.

이런 생활을 5년 넘게 하다 보니 꾸준함이 대단하다는 말을 많이 듣는다. 사람들은 내가 원래 한 번 시작하면 쉽게 포기하지 않거나, 아니면 요가에 목숨을 걸은 사람 둘 중에 하나인 줄 아는데 사실은 절반만 맞다. 끈기가 있긴

한데 특출나게 타고난 것 같지는 않다. 그리고 요가를 좋아하긴 해도, 정말 요가에 목숨을 걸었다면 진작 요가 강사로 전향을 하지 않았을까. 그러니까 몇 년에 걸친 꾸준함의 비결은 타고난 성격이나 마음에서 우러나온 사랑이 아니다.

생각 없이 사는 게
꾸준함의 비결

스웨덴에 살면서 깨달은 것 중에 하나는 여가 시간이 많다고 해서 저절로 운동을 매일 하거나 진득하게 다른 공부를 하게 되는 것은 아니라는 것이다. 우리나라보다 근무 시간이 짧은 것이 직업 이외에 다른 일들을 시도할 수 있는 시간을 만들어 주는 것은 사실이다. 하지만 아무리 여유 시간이 있다고 해도 일 외의 무엇인가를 꾸준히 하려면 특별한 노력이 필요했다. 일찍 퇴근을 하면 자연스럽게 여유롭게 저녁 시간을 누리고 싶다는 생각이 들고, 주말에는 더 여유로운 시간을 보내고 싶어진다. 사람은 정말 적응의 동물이고 사는 환경에 맞춰 새로운 변명거리를 지치지도 않고 생각해 낸다.

나는 좋아하는 마음과 꾸준함 사이의 상관관계에 대해서 반신반의하는 편이다. 특히 공부나 운동처럼 시작을 하기까지 약간의 수고가 필요한 일들에 관해서 그렇다. 좋아하면 더 자주 하고 싶은 마음이 들 것 같아도 좋아하는 마음은 귀찮은 마음에 너무 쉽게 굴복한다. 여태까지 새벽에 요가를 다니면서 과연 얼마나 많은 날을 정말 가고 싶어서 나갔을까. 솔직히 채 절반도 되지 않을 것 같다. 5년이 지났어도 여전히 새벽에 일어나기 힘이 들고, 10분만 더 자려다가 두 시간을 더 자 버린 날이 얼마나 많았는지. 나의 행동이 오로지 좋아하는 마음에서 나왔다면 요가원 출석률은 지금보다 획기적으로 올라갔을 거다.

내가 꾸준한 사람일 수 있었던 이유는 단순하게 생각을 별로 하지 않기 때문이다. '해야 하니까' 이외의 다른 생각은 하지 않으려고 한다. 내가 특별히 고민이 별로 없다거나 행동력이 아주 좋은 사람인 것은 아니다. 다만 반복해야 하는 일에 대해 깊이 생각하지 않으려고 노력할 뿐이다. 해야 하는 이유를 찾기보다 하지 않아도 되는 이유를 생각하지 않으려고 한다. 꾸준한 행동을 방해하는 생각은 종류도 참 다양하다. 피곤함, 완벽에 대한 강박, 다른 일들 사이의 우선순위 문제 등. 5년 동안 거의 매일 아침마다 하나하나에 대해 적어도 수백 번은 생각했을 것이다.

예를 들어, 어깨가 불편해서 요가원에 갈까 말까 고민할 때 이게 변명인지 아닌지는 나 자신이 이미 알고 있다. 어깨가 정말 아프다면 다른 생각은 들지 않고 쉬어야겠다는 확신이 든다. 그러면 쉬면 된다. 한편 어깨가 살짝 아프니 예방의 차원에서 쉬고 싶다는 둥 꼬리에 꼬리를 무는 생각이 시작되면 이건 변명이다. 이런 생각이 들면 머리를 털고 일어나 멈추는 것이 좋다. 결국 내린 결론은 생각하지 말고 그냥 하는 거다. '그냥 하면 어떻게든 되겠지'라고 생각하면 몸이 움직인다.

꾸준함은
나만의 견고함을 만든다

생각을 하지 않고 일단 하면 모든 것이 걱정했던 것보다 괜찮다는 것을 알게 된다. 우리 모두 이런 경험을 한 번쯤은 해 봤을 것이라 생각한다. 몸이 피곤한 것 같았지만 막상 운동을 시작하니 생각보다 괜찮았던 날. 귀찮음을 이기고 땀을 흘렸을 때의 개운함. 다짐을 한 번 더 지켰다는 뿌듯함. 이런 게 바로 우리를 만족스러운 마음으로 잠들 수 있게 하는 성취감이 아닐까. 대단한 스킬이 아니라 머리를 비우고 일단 하는 것만으로도 얻을 수 있는 것들이다.

꾸준하게 하는 사람들은 겉으로 보기에는 별다른 노력을 들이지 않는 것처럼 보이기도 한다. 하지만 나의 경험을 통해, 시간이 가도 쉽게 옅어지지 않는 어려움을 잘 알고 있다. 나보다 훨씬 오래 요가를 해 온 분들도 비슷한 이야기를 한다. 10년이 넘게 하나를 매일같이 한 사람에게도 생각보다 훨씬 많이 또 자주, 체념에 가까운 마음으로 그냥 시작하는 날이 있었다는 것이다. 그런 날이 쌓이다 보니 어느덧 10년이 되고 20년이 되었겠지. 그래서 변명을 이겨내고 어떻게든 자신과의 약속을 지켜온 수많은 시간에 대한 존경심이 들지 않을 수 없다. 몇 달만 봐도 이런저런 일이 생기기 십상인데, 몇 년에 걸친 인생의 굴곡을 지나면서도 삶에서 끝까지 하나를 놓치지 않는 끈기는 매우 멋있는 것 같다.

나는 꾸준함을 통해 쌓여 가는 시간에 경외감과 아름다움을 느낀다. 여기에는 시간의 흐름과 노력의 조화로움, 짧은 시간 안에 만든 결과와 비교할 수 없는 견고함이 있다. 그리고 거기에 도달하기 위해서 인간은 필연적으로 나이가 들어야 한다. 꾸준함이란 시간을 견딜 준비가 된 사람들만이 접근할 수 있는 영역으로, 결국 시간과 맞바꾸는 가치인 것이다.

그래서 꾸준함은 시간이 가고 늙어 가는 것을 기대하게 만든다. 앞으로 10년 동안 요가를 계속한다면 오랜 시간을 꾸준하게 견딘 사람에게만 주어지는 단단함은 내게 어떤 형태로 나타나고, 나는 얼마나 달라져 있을까? 나는 그 가치를 일찍이 찾아 인생의 기나긴 시간을 쏟은 사람들을 존경하고, 시간이 걸친 뒤 모습을 드러낼 나만의 견고함을 기다리며 나이가 들고 싶다.

우리는 충실한 일상을 위해 루틴을 반복하면서 산다. 아무도 눈여겨보지 않지만 어른으로 살기 위해 묵묵하게 스스로를 돌본다. 이것만으로도 이미 모두에게 꾸준함의 자질이 충분하다고 말할 수 있을 것 같다. 게다가 매일 시간에 맞춰 출근을 하면서 비는 시간에 무엇이라도 해 보겠다고 생각하는 사람들이 얼마나 대단한가. 직업을 가지면서 또 다른 일을 꾸준하게 이어가는 것은 누구에게나 체력적으로 감정적으로 지치는 일일 것이다. 나만 해도 일이 조금 많아지면 다음날 바로 루틴이 무너진다. 루틴이 무너지고 난 다음날에는 어쩐지 요가원에 가기 위해 다시 새벽에 일어나는 것이 배로 힘이 든다.

그러나 우리를 지치게 하는 이유가 많을수록 단순하고도 단호하게 스스로와 약속한 일을 실행해야 한다. 잠깐이라도 하자. 가볍게 해 보자. 이렇게 하루하루 자신을 일으켜 세울 때 우리는 원하는 자신의 모습에 가까워진다. 그러니까 생각하지 말고 걱정도 하지 말고 그냥 하자.

'해야 하니까' 이외의 다른 생각은 하지 않으려고 한다. 내가 특별히 고민이 별로 없다거나 행동력이 아주 좋은 사람인 것은 아니다. 다만 반복해야 하는 일에 대해 깊이 생각하지 않으려고 노력할 뿐이다.

결정을 보류할 용기
있는 그대로의 일상을 누리는 게 어때서

스웨덴에 산 이후로 언제까지 스웨덴에 살 계획인지 묻는 사람들이 많다. 우리나라에서 만나는 사람들은 물론이고 스웨덴에서 알게 된 사람들도 이런 질문을 한다. 하지만 때가 되면 스웨덴을 떠나 우리나라나 아니면 다른 나라로 갈 생각만 어렴풋이 할 뿐, 아직 스웨덴 생활 마무리에 대한 확실한 계획은 없다. 그래서 늘 사람들의 질문에 아직 계획이 없다고 대답한다.

스웨덴에 산 지 3년 정도 넘어갔을 때 저 질문이 정말 듣기 싫었던 시기가 있었다. 정말 계획이 없는데 그게 마치 이상한 상태인 것처럼 반문하는 사람들 때문이었다. 스웨덴 사람과 결혼을 한 것도 아니고 오로지 스웨덴 회사에 다녀서 스웨덴에 살기 때문인지, 계획이 없다고 말하면 그 정도 살았는데 아직 다음 단계 생각을 안 하다니 의외라는 표정을 짓는 사람들이 많았다. 외국 생활에 꼭 정해진 시작과 끝이 있어야 하는 것도 아닌데 말이다.

내가 한국으로
돌아가지 않는 이유

이직이라는 목적으로 스웨덴에 왔을 때는 앞으로 어떻게 되나 보겠다는 마음으로 시작을 했다. 처음에는 하나씩 알아가야 할 것들이 많았으므로 하루하루가 신기하고 재미있었다. 그런데 시간이 지나며 스웨덴 생활이 일상이 되고 가끔 우리나라에서 보내는 시간이 생경하다는 느낌이 들 때쯤, 뚜렷한 목적 없이 스웨덴에서 계속 사는 것이 맞는지 의문이 생기기 시작했다. '그냥 사는 거지'라며 자연스럽게 받아들이는 사람들도 있는 것 같지만 어쩐지 나는 그냥 살기가 잘 안됐다.

고민 없이 평범하게 잘 지내는 때가 있긴 했다. 그러다 나처럼 커리어를 위해 스웨덴에 왔던 회사 동료들이 떠날 때마다 한 번씩 평화가 무너졌다. 온갖 나라 출신의 사람들이 일하는 인터내셔널 회사답게 오고 가는 사람들이 늘 있었지만, 팬데믹을 기점으로 순식간에 많은 사람들이 자신들의 고향으로 돌아갔다. 그럴 때마다 갑자기 잔여물이 된 것 같은 기분을 지우기 힘들었다. 그들이 어떤 이유를 가지고 돌아갈 때 아직 이유를 찾지 못한 것이 내 잘못인 것 같기도 했고, 나만 어떠한 결정도 내리지 못한 채로 남겨진 사람이 된 것 같았다. 이 찝찝함을 떨쳐내기 위해서라도 스웨덴에서 살아야 하는 이유를 찾아내야 했다.

그동안 나는 한국이 아닌 곳에 살기로 결정했다면 '한국이 싫어서, 한국보다 스웨덴이 살기 좋으니까, 지금 다니는 회사가 너무 좋아서'와 같은 특별한 이유가 있어야 한다고 생각했다. 하지만 이 중에 어떤 것도 내가 아직 한국으로 돌아가지 않은 이유를 설명하지 못했다. 애초에 나는 한국이 싫어서 탈출한 것이 아니었고, 스웨덴에 산 지 5년이 지난 지금은 그렇게 대단한 목적의식이 남아 있지도 않다. 대부분의 날을 살아 있으니까 사는 마음으로, 이미 스웨덴에 있으니 여기 사는 마음으로 지낼 뿐이다.

사람들이 짐작하는 대로 나 또한 언젠가는 가족들이 있는 한국으로 돌아가겠다는 생각을 한다. 하지만 그때가 언제인지는 아직 나도 모르고 억지로 날짜를 정해서 카운트다운을 하고 싶은 마음은 없다. 인생을 살기 위해 늘 모든 것에 의미가 필요하지는 않은 것 같다. 이유, 목적, 목표 같은 것들이 인생을 특별하게 만들지만 그것들을 알지 못한다고 인생이 의미 없는 것도 아니다. 일상은 어제로부터 아무것도 바꾸지 않기로 한 결정에 의해 유지되기도 하니까. 어제와 같은 오늘이 늘 반복된다 하더라도 어제가 의미 있는 하루였다면 오늘도 역시 의미 있는 하루다.

외국에 살고 있다는 특수성 때문에 나는 필요 이상으로 많은 부분에서 특별한 이유를 찾으려고 했다. 떠날 이유를 탐색하느라 스웨덴에서의 내 일상을 충분히 느끼지 못했던 것 같다. 시시때때로 여기에서의 삶 속에서 장단점을 분석하느라 항상 마음이 불안정하고 바빴다. 이전의 내가 한국에서의 일상을 당연하게 생각했던 것처럼 여기에서의 시간도 어떠한 질문 없이 받아들이기로 했다. 특별한 존재 이유를 이해하지 못하고 남다른 미션이 없어도 있는 그대로 평화롭고 사랑해 마땅한 일상이므로.

스웨덴을 떠날 이유가 없다면 굳이 떠나지 않기로 한 결심을 유지하는 데에는 보기보다 많은 용기가 필요하다. 오고 가는 사람들 속에서 계속 움직이지 않아도 스스로가 자유롭다고 느낄 수 있어야 한다. 끊임없이 움직이는 사람들이 박수를 받는 시대에 살면서, 아무런 사건 없이 지나가는 시간을 바라보는 것은 오히려 대담한 태도다. 결정을 내리는 데 용기가 필요한 만큼 결정을 하지 않는 것도 용기가 필요한 셈이다. 오늘이 인생의 마지막 날인 것처럼 열심히 사는 것도 힘들지만 그 마음을 내려놓고 숨을 고르는 것 역시 쉽지 않다.

결정을 보류할 용기는 있는 그대로의 자신을 사랑할 용기로 치환된다는 생각이 든다. 나는 대단한 이유를 찾지 못한 채 아직도 스웨덴에 살고 있지만 이대로의 어중간한 나의 삶을 사랑한다. 나는 능동적으로 현재의 일상을 누리기로 결정했다. 떠날 이유를 찾으려고 억지로 불만족스러운 점을 찾아 헤매기를 그만두기로 했다.

어차피 어디에 살더라도 좋은 부분이 있으면 나쁜 부분도 있을 텐데 적어도 아직 내가 스웨덴에서 불행하지 않다면 나쁘지 않은 일상이 아닌가. 그래서 앞으로 또 다른 사람들이 스웨덴을 떠나도 남겨진 사람이 된 것 같다는 생각은 안 할 거다. 변화가 필요한 때가 올 때까지 열심히, 그리고 용감하게 변화하지 않는 일상을 누릴 생각이다.

일상은 어제로부터 아무것도 바꾸지 않기로 한 결정에 의해 유지되기도 하니까. 어제와 같은 오늘이 늘 반복된다 하더라도 어제가 의미 있는 하루였다면 오늘도 역시 의미 있는 하루다.

요가, 좋아하세요?

요가의 효능 : 실패를 다루는 법을 배울 수 있습니다

가장 아름다운 찰나의 순간만을 공유하는 문화 속 요즘 사람들이 보는 요가란 어려운 자세를 아무렇지 않은 얼굴로 완벽하게 하는 것, 극단적으로는 유연하게 태어난 사람들만 하는 것이라고 보기 쉽다.

하지만 내가 지난 5년 동안 한 요가는 그것과 전혀 다르다. 내게 요가란 사진 속 사람들처럼 예쁘게 요가를 하지 못하는 나를 마주하는 시간이다. 누군가는 예쁘게 할 수 있는 동작을 낑낑대면서 연습하고 실패하는 오늘의 나를 확인하는 시간이다. 게다가 지금 할 수 있는 가장 어려운 동작을 넘으면 더 어려운 동작이 기다리고 있다.

그래서 수련을 한다는 것은 내가 아직 넘지 못한 한계를 매일같이 확인하는 과정이다. 이 프로세스는 성공에 기뻐하기보다 매일 작은 실패를 거듭하는 법을 가르쳐 주고, 실패를 당연한 과정의 하나로 받아들이며 살게 한다.

실패에 취약한
나를 발견하다

요가를 시작한 뒤에야 내가 얼마나 실패에 취약한 사람인지 비로소 깨달았다. 요가뿐만 아니라 다른 스포츠도 승패를 가르고 기록을 재며 실패의 경험을 가르치지만, 안타깝게도 어렸을 때는 운동에 전혀 관심이 없어서 이런 경험에 대한 기억이 거의 없다. 요가를 시작한 뒤로는 넘어야 하는 관문이 쉽게 잡히지 않아 화가 자주 났다. 요가에 필요한 타고난 재능은 하나도 없고 처음 시작했을 때는 이미 몸도 굳어 있었으니까. 마음을 가라앉히려고 하는 요가인데 마음처럼 잘되지 않으니 답답하고 자꾸 안달이 났다.

더군다나 실패하는 기분을 매일같이 느껴야 한다는 것이 정말 곤혹스러웠던 것 같다. 여태까지 나는 잘하는 것을 더 잘하게 발전시키는 방향으로 인생을 꾸려 왔다. 그래서 살면서 나의 바닥을 볼 일이 많이 없었다. 대놓고 못한다는 기분을 마지막으로 느낀 것이 언제였는지 기억도 나지 않는다. 학교는 오래전에 졸업했고 개발 일을 한 지도 10년이 넘었다. 나는 요가를 하면서 오랜만에 마주하는 실패에 마구마구 흔들렸다.

더 나를 구석으로 몰아넣었던 점은 나보다 훨씬 잘하는 숙련자들과 같은 공간에 있어야 하는 시간이었다. 눈앞에 매트 위를 날아다니고 몸이 사방팔방으로 접히는 사람들이 보이니 저절로 나와 비교를 하게 되었다. 사실 그 사람이 할 줄 안다고 나도 할 수 있어야 한다는 법은 없는데. 그는 편안하게 하는 자세에서 아직 막혀 있는 내가 바보같이 느껴진 적이 한두 번이 아니다.

요가를 하기 전까지 나는 실패에 대해 제대로 고민해 본 적이 없는 것 같다. 보통 중에 보통을 유지하는 삶이어서 그랬을까. 그런 삶을 살 수 있어서 다행이었으나 한편으로 실패에 취약해져 있었다. 실패라는 감정이 너무 어색해서 어쩔 줄을 몰랐다. 그냥 요가 동작 하나 못 하는 것 정도는 시원하게 털고 일어나도 괜찮았을 것 같은데. 실패를 할 때 느끼는 감정을 호흡 한 번에 보내 버리고 다시 도전하기, 다른 사람과 비교하지 않고 나에게 집중하기, 아무렇지 않은 얼굴로 실패를 받아들이기 같은 것들을 서른이 넘어 요가매트 위에서 비로소 제대로 배웠다고 할 수 있다.

안전지대 밖에서
멋있게 실패하기

또 요가를 하면서 배우는 것은 멋있게 실패하는 것이 정말 어렵다는 것이다. 요즘에 집중 연습하고 있는 동작 중에 바카사나 B가 있다. 뛰어서 겨드랑이 근처에 무릎으로 착지하고 팔로만 중심을 잡는 동작이다. 이것을 만들지 못하는 이유 중에 단 하나만은 확실하게 안다. 뛸 때 앞으로 고꾸라질까 봐 무서운 마음이다. 연습하는 나를 동영상으로 찍어 보면 결단력 있게 확 뛰지 못하고 안전한 범위 안에서만 조심스럽게 움직인다.

아무리 앞으로 넘어져도 괜찮다고 여러 번 생각을 해도 몸을 던져 넘어지기가 정말 어려웠다. 머리인지 몸인지 무서움을 완전히 내려놓지 못한 무언가가 나를 자꾸 붙잡아 두는 것 같았다. 그러나 안전한 연습만 계속하면 지금 단계를 넘을 수 없다. 동작을 완성하려면 더 나은 실패가 필요하다는 것을 알았다. 여태까지 안전한 연습은 오랫동안 했으니 넘어질까 봐 무서운 마음을 넘고 안전지대 밖에서 화끈하게 실패하는 것이 최근의 숙제였다.

그러다가 며칠 전에 집에서 연습을 하다가 처음으로 얼굴을 바닥에 박았다. 하도 용감하게 뛰질 못해서 앞에 이불을 깔아 두고 뛰었는데 얼굴을 박고 순식간에 몸이 앞으로 쏟아졌다. 그런데 웃음이 막 터져 나왔다. 뿌듯했다. 그동안 내가 억지로 붙잡고 있던 무언가가 끊어진 것 같기도 하고 기분이 너무 시원했다. 당연히 바카사나 B의 완성 동작은 하지 못했다. 하지만 예전보다 좀 더 나은 실패를 한 점이, 여전히 실패임에도 어쩐지 성장처럼 느껴졌다. 만약 이렇게 매일 무서움을 극복하고 용감하게 고꾸라지며 실패한다면 동작을 만들지 못해도 별로 상관이 없을 정도로 말이다.

작은 실패와 함께
성장하는 법

사람들은 실패에 대해 쉽게 이야기하지 않는다. 우리가 받는 교육부터 실패보다는 성공하는 법에 초점을 맞추고 있지 않나. 결국 나는 실패하는 경험이 부족한 어른으로 자랐다.

요가를 하며 작게 자주 실패한 뒤로 나 자신이 달라진 것이 느껴진다. 전보다 단단해지고 쉽게 무너지지 않는 사람이 된 것 같은 기분이 든다. 나는 작은 실패와 함께 성장하는 법을 안다. 이 사실만으로도 큰 자신감을 준다. 그것을 과정의 한 부분으로 당연하게 여길 줄 안다는 것. 이생각은 회사에서 일을 할 때도, 무언가를 새로 배울 때도, 심지어 삶이 막막한 기분이 들 때조차 나를 덤덤한 얼굴로 다시 시작하게 한다.

가끔은 인생에서 경험해야 하는 실패를 매일 아침 조금씩 나눠서 해결하고 있다는 생각도 든다. 앞으로 실패할 일이 전혀 없을 것이라는 뜻은 아니다. 미래에도 여러번 미끄러지고 바닥을 치는 때가 올 것이다. 하지만 요가를 하면서 실패가 내게 너무 당연한 일이 되어 버렸기 때문에, 나중에 아무리 좌절을 하더라도 씩씩하게 다시 일어날 수 있을 것 같다. 그 준비를 매일 요가매트 위에서 하고 있는 것 같다.

아직도 남의 완벽한 요가 동작을 보며 부러워할 때가 있다. 하지만 나보다 잘하는 남의 모습에 예전만큼 신경이 쓰이지 않는다. 나의 실패가 더 이상 슬프지 않고 오히려 자랑스러우니까. 매일 실패하고 있다는 것은 내가 하지 못하는 것을 배우려고 적극적으로 도전한다는 뜻이기도 하니까 말이다.

잘하는 동작만 반복하며 만족하는 상태에서 머무르지 않을 거다. 사람들이 아무리 성공만을 전시해도 나는 내 실패에 집중할 것이고, 차라리 못 하는 동작을 연습하다가 바닥에 이마를 박고 시원하게 웃기를 선택할 것이다. 이것이 내가 요가에서 가장 반복적으로 배우는 교훈이다. 누군가 내게 왜 요가를 좋아하냐고 묻는다면, 나를 항상 실패하게 만들기 때문이라고 대답을 할 것이다.

나는 작은 실패와 함께 성장하는 법을 안다. 이 사실만으로도 큰 자신감이 생긴다. 실패를 과정의 한 부분으로 여기는 마음은 회사에서 일을 할 때도, 무언가를 새로 배울 때도, 심지어 삶이 막막한 기분이 들 때조차 나를 덤덤한 얼굴로 다시 시작하게 한다.

어두움보다 강한 나를 만나다

나를 위한 촛불을 밝히며

스웨덴에 산다고 하면 거긴 북유럽이니 겨울에 매우 춥겠다는 걱정을 많이 듣는다. 겨울 중에 몇 번씩 눈이 내리긴 해도 보통은 0도 근처의 온도를 유지하기 때문에 사실은 우리나라의 겨울이 훨씬 더 춥다. 시베리아 기단을 온몸으로 받으면서 자란 한국 사람에게는 이 추위가 한겨울이라고 부르기에 살짝 미지근하다고 할 수 있다.

한국의 겨울이 혹독한 칼바람으로 사람의 진을 빼놓는다면, 스웨덴의 겨울은 햇빛 부족으로 차갑게 가라앉은 공기가 온몸을 시리게 한다. 11월부터 차츰 해가 뜨고 지는 간격이 서로 가까워지기 시작해서, 하루가 가장 짧은 12월 말에는 거의 아침 9시가 다 되어서 해가 떴다가 오후 3시가 되기 전에 해가 진다. 평일 오후 3시면 한참 회사에서 일을 하고 있을 시간인데 건물 밖을 내다보면 사방이 어둡다. 밤이 3시부터 시작될 수 있다니. 처음에는 신기하다며 웃어넘겼지만 겨울이 한 해, 두 해 지나갈수록 한기로 가득한 길고 긴 밤을 견디기가 점점 어렵다.

스톡홀름은 매우 조용한 도시다. 저녁 7시가 지나면 거리가 조용해진다. 일찌감치 집으로 돌아간 사람들이 집 안에서 저녁을 먹고 넷플릭스를 보는 등 나름대로의 여가 활동을 즐기는 와중에도 소란이 건물 안에서 밖으로 새어 나오는 법이 없다. 나는 보통 조용함을 선호하지만 겨울이 되면 조용하고 또 어두운 스톡홀름 도시가 주는 적막에 압도되는 것 같은 기분을 느낄 때가 있다. 가로등 불빛조차 희미한 거리를 걷다 보면 사방이 무시무시하게 고요하여 나를 짓누르는 것 같기도 하다.

이런 날에는 적막을 뚫고 번쩍번쩍하는 네온사인과 어딜 가도 왁자지껄한 서울이 뿜는 에너지가 매우 그립다. 서울이 가지고 있는 북적거림과 활력이 지긋지긋할 만큼 익숙하고 그것과 함께 자랐기 때문일까. 복잡한 우리나라의 도시를 떠나 보니 새삼 내가 그 장소와 상당한 에너지를 주고받으면서 살고 있었음을 깨닫게 된다. 때로는 에너지를 빼앗기기도 하고, 어떤 날에는 깜깜한 하늘을 뒤덮을 듯 깜빡이는 네온사인을 보며 에너지를 받기도 하면서. 안타깝게도 스톡홀름에는 기대어 겨울을 날 만한 인공적인 불빛이 많지 않다.

서울만큼은 아니지만 스웨덴도 크리스마스만큼은 도시가 성탄절 장식으로 반짝반짝 빛이 난다. 크리스마스는 유럽에서 큰 명절 중에 하나로, 스웨덴 사람들 중에는 12월이 되자마자 온갖 조명과 트리로 집 안을 장식하는 사람들이 많다. 그리고 연말이 지난 1월까지 그 장식들을 유지한다. 치우기 귀찮아서라기보다 여기 사람들도 인공적인 빛을 마음껏 쓸 수 있는 구실로 크리스마스를 이용하는 것이다. 그래서 주변 사람들끼리는 크리스마스 장식을 치운 1월 말부터 2월이 스웨덴 겨울 중에 가장 우울하고 지내기 어렵다는 말을 하곤 한다.

긴 어둠을 직접 겪어 보면 햇빛이 인간의 몸과 마음에 얼마나 중요한지 절절하게 느낄 수 있다. 세상 단 하나의 자연적인 광원으로부터 얼마나 많은 에너지를, 고단한 하루를 지낼 기운을 받았는지를. 스웨덴에 살기 시작하고부터 내 컨디션은 햇빛이 있고 없고에 따라 심각하게 널을 뛴다. 어떤 해에는 잠드는 게 어려웠고, 어떤 해에는 지나치게 우울했다. 속에서 발산되어야 할 감정들이 분출될 방향을 잃고 연기처럼 사라지는 기분이 들었다. 이것은 스웨덴에서 나고 자란 사람들에게도 마찬가지고 여기서 10년을 넘게 살아도 여전히 힘들어하기도 한다. 매우 드물게 겨울을 좋아하는 사람도 있지만, 주변의 대부분은 겨울만 되면 어두워지는 날씨에 대해 불평하고 여름만을 기다리며 산다.

겨울이 시작되면 방 안에 조명을 더 켜고, 그것으로도 모자라 조명의 빛이 닿지 않는 구석마다 작은 초 여러 개를 태운다. 무향 양초는 집에 정전이 되면 손전등 대신 쓰는 것 정도로 생각하던 물건이었지만, 한때 집에 크고 작은 초를 색깔과 모양별로 항상 쟁여 두고 처음 보는 예쁜 초가 보이면 무조건 살 정도로 겨울나기에 정신적으로 중요한 생존 도구가 되었다.

하지만 우울한 기분을 벗어난다는 변명으로 초를 사 모으는 일은 이제 그만두었다. 초에서 노랗게 올라오는 작은 불꽃이 예쁘긴 하지만, 그 즐거움은 아주 잠깐이고 초는 타서 결국 없어진다. 나를 근본적으로 바꾸지 않는 것을 알기에 허무했다.

다른 나라에서 일과 생활을 한다는 것은 우리나라에서 유지하고 있던 근본을 뿌리째 흔들어 삶의 많은 것들을 색다르게 보게 하는 과정이었다.

하늘이 어두울수록 우울한 생각에 쉽게 사로잡히는 나를 발견했다. 결과가 성에 차지 않으면 한국에 있을 때보다 더 크게 실망했고, 앞선 결정들에 대한 후회가 끝이 없었다. 그래서 불쑥 찾아오는 우울감을 경계하고 생산적으로 극복할 수 있는 방법이 필요했다. 그것은 양초처럼 타고 없어지지 않고 계속 이어지는 것이어야만 했다.

그래서 스웨덴에 온 뒤로 요가에 매진했던 것은 자연스러운 수순이었던 것 같다. 겨울에는 새벽같이 일어나기가 참 어려웠지만 요가원만큼 어둠으로부터 도망칠 수 있는 공간이 따로 없었기 때문에 부지런히 다니지 않을 수 없었다. 호흡과 움직임에 집중하다 보면 땀이 날 정도로 몸속에서부터 열이 올라왔고, 그 열기로 남은 하루를 살 수 있었다. 건물 밖의 거대한 어둠을 잊고 머릿속을 돌아다니던 고민들을 뒤로한 채 깊은 내면으로 몰입하는 시간이었다.

요가를 하다 보면 내 안에 존재하는 강력한 힘을 느끼게 된다. 매트에 손바닥 자국이 찍힐 정도로 집중하면 몸이 완전히 들릴 정도의 힘이 내 두 팔에 있다는 것을, 심지어 손가락 마디와 손끝까지 힘이 실릴 수 있다는 걸 이전에는 알지 못했다. 전부 본래의 나 자체지만 그동안 들춰 보려고 노력하지 않았던 것들을 꺼내 보면서 내가 다시 타오를 수 있는 에너지를 스스로 만드는, 어엿한 자가 동력 발전소라는 사실을 다시금 되새긴다.

사람들은 각자만의 방법으로 에너지를 발생시킨다. 어떤 이는 실내 클라이밍을, 다른 누군가는 눈이 오나 비가 오나 러닝을 하러 나간다. 또 책을 엄청나게 읽는 사람도 있다. 그에게는 독서가 에너지를 충전하는 방법일 것이다.

스웨덴에 오기 전에는 나를 안에서부터 단련시키는 행위에 대해 별로 생각해 본 적이 없는 것 같다. 나는 지금보다 어렸고 우리나라에서는 외부에서 에너지를 충전할 길이 많기 때문에 쓸모를 못 느꼈던 것 같다. 하지만 지금은, 특히 겨울에는 사방이 온통 조용한 공간에 혼자 서 있는 듯 쓸쓸하다. 그래서 어떤 도움이 없어도 혼자 밝은 불빛을 낼 수 있는 사람이 되어야 한다.

언젠가 스웨덴을 떠나더라도 내 앞에는 또 다른 모습의 어두운 시기가 나타날 것이다. 이 글을 읽는 누군가는 그러한 시기를 지나고 있을지도 모른다. 그렇지만 우리는 스스로 빛을 낼 수 있는 사람임을 잊지 말자. 빼앗긴 것 같은 빛은 사실 우리 안에 온전히 있고 겨울이 지독하게 어둡지만 그다음에는 항상 봄이 온다는 것을. 겨울은 분명히 끝이 난다. ✦

매일을 나아가는 법

초판 1쇄 인쇄 2024년 6월 3일
초판 1쇄 발행 2024년 6월 19일

지은이 김나현
펴낸이 김선식, 이주화

기획편집 김찬양
콘텐츠 개발팀 김찬양, 이동현, 임지연
디자인 날마다작업실

펴낸곳 ㈜클랩북스 **출판등록** 2022년 5월 12일 제2022-000129호
주소 서울시 마포구 어울마당로3길 5, 201호
전화 02-332-5246 **팩스** 0504-255-5246
이메일 clab22@clabbooks.com
인스타그램 instagram.com/clabbooks
페이스북 facebook.com/clabbooks

ISBN 979-11-93941-04-1 (03190)

㈜클랩북스는 독자 여러분의 책에 관한 아이디어와 원고 투고를 기다리고 있습니다.
책 출간을 원하시는 분은 이메일 clab22@clabbooks.com으로 간단한 개요와 취지, 연락처 등을 보내주세요.
'지혜가 되는 이야기의 시작, 클랩북스'와 함께 꿈을 이루세요.